I0440683

Società Moderna

27

Collana diretta da
Gianfranco Pecchinenda

Funes/Ipermedium Libri

Comitato scientifico:
Alfonso Amendola, Università degli Studi di Salerno;
Giovanni Boccia Artieri, Università di Urbino;
Luca Bifulco, Università degli Studi di Napoli Federico II;
Stefano Bory, Università degli Studi di Napoli Federico II;
Antonio Cavicchia Scalamonti, Università di Roma La Sapienza;
Massimo di Felice, UISP, Brazil;
Lorenzo Fattori, Università della Valle D'Aosta
Giovanni Fiorentino, Università della Tuscia;
Serge Gruzinsky, Princeton University, USA;
Eva Illouz, EHESS Paris, France;
Adriana Lopez, Universität Bern, CH;
Paolo Renato Jesus, University of Lisboa, Portugal;
Michèle Leclerc-Olive, CNRS-EHESS, France;
Mariano Longo, Università del Salento;
José Luis Mora, Universidad Autónoma de Madrid, España;
Giustina Orientale Caputo, Università degli Studi di Napoli Federico II;
Gianfranco, Pecchinenda Università degli Studi di Napoli Federico II.
Carlo Sorrentino, Università di Firenze;
Oreste Ventrone, Università degli Studi di Napoli Federico II;
Marta Vignola, Università del Salento.

Al crepuscolo

Gli immaginari del progresso e il loro declino

Al crepuscolo
Gli immaginari del progresso e il loro declino
A cura di Stefano Bory
Funes/Ipermedium Libri
ISBN 978-14-47863-11-3

Copyright © 2023 Amigdala
In copertina: "dall'altra parte" © 2023 Anna Pianura

Tutti i volumi della collana sono sottoposti a double-blind peer review

Autori: Stefano Bory – Luca Bifulco – Linda De Feo – Adolfo Fattori – Lorenzo Fattori – Roberto Paura – Gianfranco Pecchinenda – Valerio Pellegrini

Indice:

Introduzione

Retro-ottimismo: il mito del progresso alla prova dei fatti e il crollo della cultura occidentale

Il mito del progresso è stata una delle più grandi invenzioni – se così possiamo dire – della Modernità: l'idea che grazie alla ragione, al lavoro, al responsabile confronto fra gli individui si sarebbe costruito un mondo in cui a tutti sarebbe stata assicurata la pace e la serenità, e che l'umanità avrebbe perseguito e raggiunto mete sempre più grandi. Sicuramente, al fondo di origine religiosa (almeno se pensiamo alle grandi religioni monoteiste), con l'avanzare della secolarizzazione divenuto appannaggio delle "grandi narrazioni" dell'Ottocento e del Novecento, allargando le sue ali ed espandendo i suoi riflessi su tutte le sfere della vita collettiva, non solo in Occidente. Intrinseco com'è stato all'economia, alla politica, alla scienza, alle preoccupazioni sempre più urgenti sull'ambiente, alla stessa percezione delle nostre biografie, fatte per "vivere in prospettiva", per, ognuna di esse, "costruire la propria vita" (Beck, 2008).

Solo che, a un certo punto, questo movimento sì è interrotto, si è fermato. Come scrisse Jean Baudrillard a metà degli anni Novanta del XX secolo, *"In un momento imprecisato degli anni Ottanta del XX secolo, la storia ha fatto un'inversione di rotta... È la fine della linearità... il futuro non esiste più"* (Baudrillard,

1993: 21). E questa frenata, con la stasi che ne è seguito, ha interessato tutte le sfere dell'umano, da quelle collettive, a quelle più direttamente afferenti alle strutture delle nostre identità.

Perché pochi hanno riflettuto su una circostanza: la capacità sì creativa, ma insieme distruttiva delle forze scatenate dai processi di modernizzazione. Ne ha scritto David Harvey (2015), partendo dalla dimensione collettiva, generale, del mutamento sociale per arrivare a toccare anche quella individuale, ma pochi hanno tentato il percorso inverso: ragionare sui mutamenti che hanno interessato le nostre individualità per inserirli all'interno del processo generale.

Uno di costoro è stato John Carroll, che in *Il crollo della cultura occidentale* (2009) propone – come recita il sottotitolo del suo libro – "una nuova interpretazione dell'Umanesimo". Nuova perché mette al centro della riflessione critica proprio la potenza distruttiva dell'Umanesimo stesso nei confronti delle sicurezze umane.

L'obiettivo di Carroll è comunque riflettere sull'attuale stato della condizione umana prendendo spunto da uno dei fenomeni evidenziati dall'attentato alle Twin Towers dell'11 settembre 2011: il manifestarsi in pieno del senso di incertezza che sembra segnare gli uomini e le donne dell'Occidente nel passaggio di millennio, di cui l'11 settembre ha fatto solo – però – da catalizzatore.[1]

Questo senso di disorientamento, di *perdita del senso*, osservato e interrogato anche da altri studiosi contemporanei come John

---

[1] Sugli stessi temi cfr. Belpoliti 2005.

Taylor, Anthony Giddens, Zygmunt Bauman, per Carroll è intrinseco all'emergere dell'uomo umanista perché deriva direttamente dalla sua genesi: nel momento in cui l'uomo sceglie di rivendicare il diritto al *libero arbitrio* e di rivolgersi ed eleggere a sua guida la *ragione*, rinunciando così al riferimento al sacro e quindi alla fede, si trova di fronte ad una contraddizione irrisolvibile, relativa al rapporto con la morte, al suo statuto, alla sua irrimediabilità.

Carroll cita due campioni dell'umanesimo: Leon Battista Alberti ("L'uomo può fare qualunque cosa, purché lo voglia") e Pico della Mirandola (Possiamo diventare tutto quello che vogliamo."). Certo, qui sulla terra, durante la nostra vita naturale. Ma... di fronte al problema della morte? Come ci poniamo? Anzi, siamo in grado, noi orgogliosi figli dell'umanesimo e della modernità, di risolverlo? In effetti, sembra di no.

E – secondo lo studioso – l'intera storia dell'Occidente moderno, a partire dagli anni a cavallo fra il 1400 e il 1500 è la storia del naufragio della cultura occidentale a partire dalla sua stessa nascita, per non essere stata in grado di offrire nessuna soluzione (stabile? trascendente?) alla rinuncia alla fede e alla emancipazione dal dominio del sacro.

Ora, il primato della ragione conduce, abbiamo scritto, alla rivendicazione del libero arbitrio, e quindi alla convinzione che l'uomo (ricordiamo che qui ancora ragioniamo sulle *élites* delle epoche che consideriamo) sia completamente responsabile delle sue azioni, della sua condotta di vita, del suo destino. Destino che a questo punto, spogliato della sua dimensione metafisica, *fatale*, diventa semplicemente il futuro che ognuno di noi si costruisce.

Gli eventi e le trasformazioni del periodo preso in esame da Carroll accompagnarono e agevolarono l'affermarsi dell'idea di individuo, fino a produrre in tutta l'area centrosettentrionale dell'Europa le condizioni perché si diffondesse la Riforma protestante, movimento sì religioso, di affermazione di un'etica più aderente (secondo i suoi sostenitori) ai dettami della fede cristiana rispetto al cattolicesimo, ma anche una "sponda" spirituale coerente con l'emergere del capitalismo, come argomentò Max Weber in *L'etica protestante e lo spirito del capitalismo* (1965).

Fatto sta che nel periodo che stiamo analizzando comincia ad emergere un'altra idea e percezione del *Sé*, un "Sé schermato", come scrive Taylor, che si separa progressivamente dal cosmo e pone le fondamenta dell'Io umanista, padrone di se stesso, delle sue azioni, capace di agire in prospettiva: la prospettiva in senso pittorico, quella "scoperta" (o "inventata"?) da Leon Battista Alberti esce dalla tela su cui si dipinge per diventare un tratto del modo di essere degli uomini nel loro rapporto col mondo naturale e sociale, e di farli agire, spingerli a "costruire la propria vita" e a sentirsene padroni.

È a questo punto che l'affermazione della centralità dell'uomo – del progenitore dell'individuo della modernità matura – si divide su due direzioni: l'una legata alla difesa della indispensabilità della religione e alla irriducibilità del rapporto con Dio, l'altra a rivendicare l'uscita da questa e la liberazione dal dominio del sacro.

La prima è la strada della Riforma protestante, la seconda quella del percorso dell'umanesimo.

Ed è a questo punto che, secondo Carroll, possiamo riconoscere i primi indizi del futuro crollo della cultura occidentale, man mano che procederanno *modernizzazione* e *demagizzazione* del mondo – e che, nello stesso tempo, si definirà a tutto tondo l'dea dell'umano come individuo sovrano, al centro del reale.

Nasce e si sviluppa la narrazione del trionfo dell'individuo, con figure immaginarie, ma gigantesche, come il Principe di Niccolò Machiavelli, il Don Chisciotte di Miguel Cervantes, l'Amleto, il Macbeth, il Bruto di William Shakespeare: l'individuo della modernità in tutte le sue sfaccettature e articolazioni, un individuo che si sente destinato a dominare il mondo, a condurlo lungo un percorso di progresso all'infinito – e che improvvisamente si trova ad aggiungere al tradizionale limite di cui è consapevole l'umano occidentale dall'Umanesimo in poi, *la morte*, un nuovo limite, recente, contemporaneo: la spinta al progresso si è esaurita, non ha più forza, sentiamo di essere impaludati in una stagnazione senza fine, che interessa tutte le aree del sociale. Mettiamo in discussione il progresso medico, soprattutto dopo la generale sconfitta subita con la lotta alla nostra prima esperienza di pandemia globale. Non abbiamo più una grande fiducia nel progresso scientifico-tecnico, rievocando costantemente il disastro ambientale che ha portato con sé dopo la produzione esponenziale degli ultimi due secoli e nascondendo sempre di più le sue conseguenze nella produzione delle nuove tecnologie. Viviamo una profonda critica nei confronti del progresso democratico e politico, osservando le nuove generazioni rifiutare sempre di più la vita politica e distaccarsi dalla partecipazione elettorale. E si potrebbe andare avanti nella lista.

Se i miti non sono spariti del tutto dalla vita sociale del nostro vissuto contemporaneo, (Ortoleva, 2019) è possibile affermare che quello del progresso è tra quelli con minore presa negli immaginari sociali condivisi dalla sfera pubblica contemporanea. A volte gli indicatori di tale sgretolamento, sul quale non vanno posti né nostalgia né entusiasmo per chi fa ricerca sociologica, possono essere identificati in piccoli episodi del quotidiano, in semplici momenti del vissuto domestico. La parola "progresso", in quanto tale, sembra sempre meno utilizzata nei discorsi di senso comune quanto nelle narrazioni di storytelling politico. Crescita, miglioramento, resilienza, evoluzione, tendono a sostituirsi a questo concetto che non riesce più a mantenere le sue promesse ed essere colorato da una luminosa e positiva significazione. Anche se molto piccolo, e poco rigoroso, un episodio biografico recente può dare un'idea della perdita di valore del mito del progresso che stiamo attraversando. Una sera durante le feste natalizie 2022, durante un aperitivo a casa di una famiglia di amici appartenenti alla classe medio-alta della popolazione parigina, la figlia maggiore di Paul che mi ospitava leggeva una lezione da imparare sul suo libro di storia. Si tratta di una ragazza molto brillante, dodici anni, studente di scuole medie, grandissima lettrice, dotata di una spigliata e costante curiosità nei confronti della conoscenza. Ad un certo punto, mentre parlavamo del più e del meno, si alza, viene in mezzo a noi adulti e chiede "scusate, qui nel libro si parla dell'Europa e non capisco una frase che parla di progresso. Ma cos'è il progresso?". C'è stato un attimo di silenzio, ci siamo guardati negli occhi, abbiamo esitato nel dare una risposta immediata e condivisa. Ma soprattutto, è significativo osservare che una giovane curiosa cresciuta nel cuore di una delle capitali del progresso, sede della prima grande esposizione universale, potatrice dell'elettricità – *la ville lumière!* – dotata di uno dei più grandi monumenti inneggianti al mito del progresso occidentale, non sia socializzata all'uso e al significato culturale di tale concetto. Crisi del mito, crisi dell'idea (Salvadori, 2006). Cosa è, oggi, il progresso?

Abbiamo cercato di render conto delle riflessioni emerse in questi anni dal dibattito che abbiamo condotto fra noi e con le nostre allieve e allievi su questi temi – informale, ma anche sfociato a volte nella ufficialità del discorso accademico – in questo volume, che raccoglie solo un primo punto d'arrivo, preliminare e incompleto, su cui speriamo di attrarre il desiderio di partecipazione da parte di altre persone che, come noi, operano negli stessi campi.

Per ora, a questa chiamata implicita hanno risposto coloro che sono presenti in questo volume.

Così, Luca Bifulco ci invita a riflettere su come la razionalità impostasi e prosperata con la modernità sia stata uno dei motori della prospettiva del progresso, di una sorta di "feticismo del progresso" e contemporaneamente lo strumento per comprendere di non illudersi troppo a questo proposito, mentre Linda De Feo – prendendo spunto e commentando le riflessioni di Donna Haraway e le sue proposte in termini di ecologismo creativo – amplia la prospettiva sulla Modernità fino ad affermare che credere nel suo paradigma sia stato addirittura un "errore in sè". Ancora, Adolfo Fattori concentra il suo intervento sulla forza evocativa che hanno le immagini di alcuni luoghi connessi alle catastrofi del XX secolo, e Lorenzo Fattori a partire da alcuni elementi chiave dell'universo mitico della modernità come le macchine, la rete, i mezzi di trasporto, affronta di petto nei suoi contributi il sorgere e il successivo fallimento delle promesse delle "grandi narrazioni" sul piano tecnologico e su quello politico fra XIX e XX secolo.

Roberto Paura e Gianfranco Pecchinenda concentrano, seppur con accenti diversi, i loro ragionamenti sul nesso che ha sempre legato il concetto di progresso e il senso del futuro: Paura, analizzando le dinamiche trasformative e le conraddizioni che hanno governato il mutamento sociale; Pecchinenda approfondisce le tematiche legate al funzionamento del nostro cervello in termini di capacità di *dare senso*, cioè conferire ordine e significato al futuro. Per concludere Valerio Pellegrini, pescando ampiamente dal cinema e dalla serialità televisiva come fonti ricche di esempi, prova a descrivere e evidenziare i rischi connessi alla diffusione e all'uso delle tecnologie di controllo e sorveglianza.

Bibliografia

Baudrillard J., *L'illusione della fine – o lo sciopero degli eventi*, Anabasi, Milano, 1993.

Beck U., *Costruire la propria vita*, il Mulino, Bologna, 2008.

Belpoliti M., *Crolli*, Einaudi, Torino, 2005.

Carroll J., *Il crollo della cultura occidentale*, Fazi, Roma, 2009.

Harvey D., *La crisi della modernità*, il Saggiatore, Milano, 2015.

Ortoleva P., *Miti a bassa intensità*, Einaudi, Torino, 2019.

Salvadori M., *L'idea di progresso*, Donzelli, Roma, 2006.

Weber M., *L'etica protestante e lo spirito del capitalismo*, Sansoni, Firenze, 1965.

Luca Bifulco

Dalla trincea al rischio globale. Razionalità tecnico-scientifica e disillusione prometeica[2]

Società moderna, razionalità tecnico-scientifica e progresso

Una delle principali caratteristiche con cui i pensatori della modernità – almeno della prima modernità – hanno raffigurato quest'epoca è un'ideale prevalenza della pianificazione razionale dell'avvenire. Non a caso, Max Weber ha considerato il processo di razionalizzazione come la cifra della costituzione della società moderna. Una della più celebri formulazioni di questo concetto piuttosto articolato egli la espone parlando della capacità di scienza e tecnica di alimentare una imponente "razionalizzazione intellettualistica". Weber sottolinea come questo fenomeno si basi sulla fiducia nel fatto che «si può – in linea di principio – dominare tutte le cose mediante un calcolo razionale. Ma ciò significa il disincantamento del mondo. Non occorre più ricorrere a mezzi magici per dominare gli spiriti o per ingraziarseli, come fa il selvaggio per il quale esistono potenze del genere. A ciò sopperiscono i mezzi tecnici e il calcolo razionale» (Weber 2006: 21).

---

[2]Avvertenza: questo saggio rielabora, in forma rinnovata, alcuni contenuti presenti nel mio testo *All'Ovest niente di nuovo. Immagini del tempo e pensiero sociale*, Ipermedium libri, S. Maria C.V., 2011.

Che la razionalizzazione sia concepita come la componente distintiva della modernità tutta, lo testimoniano i principi che guidano qualsiasi settore della socialità – in particolar modo l'attività economica, l'ordinamento giuridico e la conduzione burocratica dello Stato, ma anche parte delle pratiche culturali ed estetiche (Weber 1961).

In effetti, il pensiero moderno nella sua concezione predominante cerca di assumere le fattezze di uno schema matematico della realtà (Galimberti 1996). L'esigenza è quella di dominare il mondo, di poterlo prevedere riuscendo così a pianificare l'azione ed il controllo. Ciò è possibile comprendendo la realtà all'interno di un modello logico, ordinato e misurabile, capace di contenere gli eventi in un sistema di rapporti di causa ed effetto. Il sapere tecnico-scientifico – specie in virtù del suo fondamento razionale e matematico – acquisisce così una rilevanza inoppugnabile.

Questo pensiero razionale e astratto, che ha supportato la fiducia nella scienza, ha intriso gli ideali e la condotta della borghesia in ascesa o in consolidamento e le istanze della produzione capitalistica (Sombart 1967; 1983).

Come anticipavamo richiamando le intuizioni di Weber, oltre a puntellare la *forma mentis* delle *élites* culturali e sociali, i principi della razionalità astratta trovano facile accoglienza nella strutturazione delle istituzioni e delle forme di organizzazione sociale della modernità. L'intento è quello di gestire e controllare ogni cosa in maniera rigorosa, all'interno di un sistema capace di garantire un ordine rassicurante e teso a codificare l'ideologia occidentale moderna in una vera propria società razionale (Touraine 1992).

Questo ideale di pianificazione e controllo razionale delle attività umane sostiene e si sposa con la prevalenza di uno sguardo futurocentrico. L'idea dominante è quella di essersi affrancati dai gravami del destino per poter modellare razionalmente il proprio avvenire, in una modernità concepita come sede di miglioramenti continui e globali configurati dalla ragione tecnico-scientifica, all'insegna di una tensione ad un futuro gravido di aspettative.

È qui che si configura un'idea temporale-feticistica del progresso (Bloch 1963: 23). Il futuro, apertosi alle più proficue possibilità, è allora oggetto di una sorta di culto, e viene concepito come sede di un perfezionamento senza fine. Ciò considerando spesso la modernizzazione come un processo di avanzamento non per forza diretto verso la realizzazione di uno scopo ultimo. Si può parlare di un tentativo tenace di "assaltare l'infinito", nell'ambizione di scavalcare in modo immediato ogni limite (Finkielkraut 2006: 243-250). Il tempo storico, completamente terreno e svincolatosi da connotazioni ultramondane, diventa così teatro dell'interminabile sviluppo lungo un percorso lineare, cumulativo ed irreversibile.

È qui in atto l'idea di un processo di "temporalizzazione della ragione" (Koselleck, Meier 1991: 33). Evidentemente, ciò che sembra crescere ed arricchirsi continuamente, nonostante possibili intralci o incidenti di percorso, è in prima istanza la conoscenza umana, che accumula nozioni e competenze. Il risultato è l'idea dell'incremento del dominio sul mondo, e dunque un miglioramento delle condizioni materiali complessive. Sulla base di un simile sostrato, si alimenta la credenza che l'intera umanità sia diretta verso un perfezionamento morale, etico, spirituale, sociale di portata illimitata.

Così, se il sapere si accumula continuativamente e gradualmente, l'uomo appare obbligatoriamente soggetto ad un processo illimitato di perfezionamento, ad un'ascesa irreversibile. Per questo gli avanzamenti della scienza e della tecnica fungono da guida tangibile, fatta di testimonianze concrete, per una fede incrollabile nel progresso, diventando portavoce di una speranza fervente in un futuro di maggior benessere. All'interno di un regime di coproduzione reciproca tra idee e sostrato materiale, allora un vero impulso simil religioso si impadronisce di discreta porzione del pensiero moderno. La possibilità di acquisire nuove conoscenze, di migliorare incessantemente il proprio dominio sulle cose e la propria felicità, rende terrena e laica l'escatologia cristiana e abbandona qualsiasi ipotesi di degenerazione o invecchiamento dell'umanità.

È così che l'ideologia del progresso coniuga l'identità tra la razionalizzazione, lo sviluppo economico, tecnico, scientifico ed il trionfo dell'uomo. Come ha sostenuto Roger Sue (2001: 90-91), l'aspetto messianico della scienza rappresenta nel migliore dei modi la modernità occidentale. L'ottimismo dell'epoca associa allora i termini della speranza più acuta e della presunzione – sia essa borghese o meno – di una sorta di invincibilità umana. Valgano, ad esempio, le parole entusiaste di de Condorcet, che elabora un pensiero caro ad un certo mondo intellettuale. Egli, alla fine del XVIII secolo, poco prima di suicidarsi, dopo aver elencato i grandi miglioramenti delle conoscenze e del pensiero umano nella storia, scriveva: «E questo quadro della specie umana, liberata da ogni vincolo, sottratta all'impero del caso così come a quello dei nemici dei suoi progressi, e che avanza con passo fermo e sicuro sulla via della verità, della virtù e della felicità, offre al filosofo uno spettacolo tale da consolarlo degli errori, dei crimini, delle ingiustizie di cui la terra è ancora macchiata e di cui egli è spesso la vittima!» (de Condorcet 1995: 210-211).

La trincea della Prima guerra mondiale e le pastoie del progresso

Ben presto, tra Otto e Novecento emergono anche forme di pensiero divergenti e in decisa contrapposizione rispetto a tutte le promesse di uno sviluppo costante orientato verso il meglio. Si tratta di un corpus molto variegato di voci, posizioni e prospettive differenti, che però partecipano ad un'area di senso in certi punti comune.

Parte rilevante di questa *congerie* di diversificate espressioni di diffidenza è una porzione considerevole della cultura tedesca otto-novecentesca, la quale elabora un acceso contrasto tra i concetti di *Kultur* e di *Zivilisation*. In pratica, è forte nel pensiero tedesco la convinzione che ad un complessivo progresso materiale possa corrispondere, invece, una degenerazione dei valori e dello spirito di un popolo sintetizzati nella *Kultur*.

In quest'aspra dicotomia tra le due realtà concettuali ha luogo un conflitto tra l'idea di uno spirito vitale di una collettività ed il complesso di procedure tecniche, economiche, che vengono dipinte come soffocanti e prive di valori o ideali vivificanti. Non volendo penetrare per forza nei meandri del *Kulturpessimismus* tedesco tra i due secoli, è sufficiente evidenziare come in diverse porzioni del pensiero occidentale, anche oltre i confini germanici, ci si chieda in effetti se esista una simmetria necessaria, o invece una possibile disparità, tra lo sviluppo scientifico, tecnico, economico e quello per così dire sovra-strutturale, della cultura o dell'etica ad esempio (Bloch 1996). Oppure, ancora più semplicemente, se effettivamente si possa parlare di un'umanità indirizzata verso un miglioramento co-stante, capace di vivere sempre meglio, producendo di conti-nuo condizioni preferibili.

Insomma, pian piano, il moderno concetto di progresso, quello secondo cui l'umanità è stata sempre protagonista di un anda-mento progrediente, e sempre lo sarà, sembra vacillare su più fronti. Se l'idea che ha a lungo accompagnato la società mo-derna è stata quella di uno sviluppo ineludibile della cono-scenza, che ha permesso all'uomo di aprirsi al futuro, di incre-mentare col tempo l'usufrutto e le scoperte della ragione tec-nico-scientifica, questa fede, che poteva sembrare incrollabile, mostra soprattutto al passaggio tra i due secoli crepe rilevanti, di sicuro più forti ed estese di un certo scetticismo che comun-que aveva potuto serpeggiare nell'animo di alcuni pensatori de-gli anni precedenti (Nisbet 1977: 124-136).

Questo scetticismo si produce nel dibattito intellettuale, arti-stico o sociale, ma trova estremo conforto in alcune vicende storiche di impatto estremo. Tra queste, soprattutto, la Prima Guerra Mondiale, la prima vera e catastrofica cesura storica del progresso vissuta dal mondo occidentale.

Non a caso, soprattutto per l'Europa intera, ma non solo, l'eca-tombe, reale e simbolica, del primo conflitto mondiale fu per-cepita come momento di massimo crollo.

L'ideale del ritorno ai valori comunitari contrasta con l'usu-frutto e l'esaltazione nel conflitto di tutti gli aspetti portanti della modernità industriale. Da un certo punto di vista, si potrebbe quasi parlare di *guerra weberiana*, per il costante impegno espresso nel governare razionalmente gli sforzi ed i processi bellici, per il tentativo di plasmare continuamente i contorni di un agire razionale basato su procedure standardizzate e minuziosamente organizzate. La guerra riassume così l'idea dell'impiego regolato ed ordinato delle energie dei ranghi inferiori e dell'attività dei comandanti, unite dal medesimo scopo. Per questo essa richiama l'esperienza dell'organizzazione industriale, ma anche burocratica, dell'officina basata sulla razionalizzazione (Gibelli 1998: 104-108). Solo che questa razionalità applicata mostra la modernità nel suo aspetto più mostruoso: l'automazione del meccanismo bellico, legato ad una distruzione tecnologica ed industriale, dove la morte diviene parte del quotidiano. La modernità è in questa guerra rappresentata dalla combinazione nefasta tra due dei suoi istituti più rilevanti: l'industria e lo Stato. Lo Stato si incunea in ogni aspetto dell'esistenza bellica, sradicando gli uomini dai loro ambienti, immettendoli nel nuovo contesto del conflitto e orientando l'arruolamento di massa così come ogni azione individuale e collettiva. In più, incentiva lo sviluppo industriale e la definizione di procedure organizzative e di coordinamento di masse di uomini. Esso si impone, dunque, invasivamente sull'individuo, colonizzando la sua vita, annientandone la sfera privata e rendendolo un ingranaggio del monopolio statale della violenza. Una violenza che presume anche di avere il diritto di esercitarsi contro le altre nazioni (Ivi: 76-90).

La macchina da guerra fa inoltre proprie tutte le procedure dell'industrializzazione. E la morte di massa non diviene altro che l'esito della disciplina – dal sapore taylorista – e della programmazione industriale. La catastrofe assume i connotati dell'efficienza e della maestosità tecnologica. Se tutto acquisisce le caratteristiche del meccanismo automatico, impersonale della tecnologia militare, fatta di armi a lunga gittata dall'azione devastante o di organizzazione standardizzata di tempi e procedure, gli ideali di una guerra intesa come glorificazione dell'individuo, delle sue qualità e della sua adesione ad uno spirito collettivo in marcia, vengono decisamente meno. La tecnologia pare perdere perfino la sua virtuale fisionomia di promessa di progresso, per divenire uno spietato strumento di distruzione estesa, di carneficina umana professionalizzata (Leed 1985: 43-48).

Dal canto suo, ogni individuo non può che sentirsi mutilato negli ingranaggi spersonalizzanti della guerra industriale. Egli diviene un elemento passivo e sottomesso al sistema bellico, il quale – come è stato detto – «col suo impasto di massificazione e tecnicizzazione del massacro, con la sua assoluta improgrammabilità, con il cieco scatenarsi delle dinamiche sistemiche ingovernabili da qualsiasi volontà umana individuale, (...) costituiva, infatti, l'esempio più clamoroso – e inedito – di "evento privo di soggetto"» (Revelli, citato in Gibelli 1998: 208).

L'esperienza dei giovani soldati al fronte è quella dell'annichilimento delle loro velleità, dei loro entusiasmi, dei loro ideali ad opera degli orrori della morte di massa che le nuove tecnologie belliche rendono drammaticamente possibile. Per adattarsi alla vita da trincea, il soldato deve diventare un automa, un essere completamente plasmabile a piacimento e privo di una forte personalità. Deve essere l'uomo-massa in abito militare, un semplice elemento di una macchina complessa che deve muoversi con criteri dediti alla razionalità strumentale. La passività nei confronti degli automatismi bellici, l'impossibilità di agire autonomamente, le mansioni ripetitive e la perdita di padronanza sul proprio tempo, oltre all'ambiente raccapricciante, lo rendono un uomo votato all'attesa pervasiva, privo di alcuno slancio verso il futuro. Un uomo inoltre soggetto ad una morte anonima, uguale per tutti, che ripercorre le categorie della società di massa e lo smarrimento dell'identità individuale nelle procedure impersonali dell'assetto sociale moderno. Non si è nessuno e si muore da ignoti, come ricordano i cimiteri pieni di caduti senza nome.

Così, la situazione concreta del conflitto rende per certi versi la modernità ed i suoi significati ancora più atroci. Infatti, l'esperienza che in guerra si ha dell'inesorabile progresso tecnico appare quella di un'accelerazione verso la catastrofe assoluta. Non deve allora sorprendere che spesso vengano rispolverate diverse concezioni che sostituiscono all'immagine del progresso quella del crepuscolo o della decadenza (Sasso 1984: 9-70).

Presumibilmente i soldati avvertono l'imminenza di una fine inesorabile e mostruosa, quasi intesa come l'esito conclusivo del progresso tecnologico e del potenziale di morte crescente che esso genera. Eppure, seguendo Paul Fussell, si può in parte dire che quella generazione in principio «credeva nel progresso e nell'arte e non dubitava affatto della positività della tecnologia. La parola macchina (*machine*) non era ancora invariabilmente accostata alla parola mitragliatrice (*gun*)» (Fussell 1984: 31). Ovvero, se ancora all'inizio del conflitto il progresso può aspirare in tutto l'Occidente moderno ad indicare un fiducioso orientamento verso il futuro, ora esso esibisce tangibilmente il suo lato minaccioso e devastatore. Che lo sviluppo della tecnologia possa celare un aspetto fortemente nefasto è adesso sotto gli occhi di tutti in maniera inequivocabile. E ciò rappresenta l'esperienza concreta – fatta di morte, dolore e sconvolgimenti visivi, uditivi, olfattivi e tattili – che milioni di persone subiscono sulla loro pelle. È proprio il caso di dire che "l'assioma dell'accelerazione" – per usare una formulazione di Reinhart Koselleck (1989) – che contraddistingue l'immaginario moderno e l'impeto del suo progresso, trova la più esplicita consonanza con l'accorciamento temporale dell'immaginario dell'Apocalisse. Qui la fine del mondo è preannunciata dalla sfrenata contrazione del tempo. E, nella crescita esponenziale della tecnica a cui corrisponde solo più morte e maggior devastazione, questa corsa accelerata non sembra portare alla salvezza, bensì al semplice e, mai così tangibile, autoannientamento. Per molti, forse, chissà, la percezione di una vera e propria fine della storia.

La storia impantanata

Non dimentichiamo che la modernità è l'epoca che accoglie in sé, parallelamente al progresso, la preminenza delle filosofie della storia. Se dunque il progresso "temporalizza l'ideale di perfezione" (Koselleck, Meyer, 1991: 61), vuol dire che le finalità che prima appartenevano ad un mondo trascendente diventano immanenti al percorso della storia dell'umanità. Al presente tocca incidere tangibilmente sul cammino storico per progettare e promuovere un infinito avanzamento. Si crea un

legame strutturale – particolarmente debitore della filosofia hegeliana – tra le categorie del progresso e quelle della storia, intesa nel senso moderno. La storia è la sede in cui l'azione
dell'uomo acquista senso, si svela e si dispiega come percorso
di continuo superamento e di costante tensione ad un futuro
promettente. L'iter storico è concepito come lineare, irreversibile, sempre nuovo. Ma, soprattutto, l'idea prevalente è che la
storia congiunga dinamiche, realtà, eventi unici ed irripetibili
dando loro una direzione precisa e unitaria, ricca di significati
vivificanti. La storia rappresenta così una totalizzazione onni-
comprensiva che dispensa senso e che guida l'azione, indi-
cando un orizzonte d'attesa che incita al dinamismo. In pratica,
un'interpretazione armonica dei fatti storici che, ovviamente,
seleziona, nell'insieme infinito delle vicende umane, tutto ciò
che entra in un modello di sviluppo, escludendo il resto. Essa
costruisce, oltre a puri intrecci di causa ed effetto, anche l'idea
di una forza assoluta, forse – e ciò sembra paradossale – trascendente, capace di fornire dall'alto ai processi una configurazione sempre migliore (Simmel 2001).
Le concezioni della filosofia della storia, che trovano una certa
coincidenza con l'idea di un progresso continuo, in primo
luogo cercano di definire una trama unitaria sensata che unisca
i diversi avvenimenti. La maggior parte di simili rappresentazioni, inoltre, mira ad elaborare – contrariamente al puro ideale
di progresso – una profonda connessione tra l'accadere storico
concreto ed uno scopo definitivo, un momento conclusivo
della storia stessa identificato nella salvezza dell'umanità. Tale
significato ultimo scaturisce da un'interpretazione teleologica
e teologica della storia, intrisa di speranza, di fede in un futuro

di redenzione. La totalità del processo storico compirebbe così un disegno escatologico ed avrebbe un approdo, un meta finale posta nell'avvenire, capace di dare termine al corso storico stesso, ma, così facendo, di fornire anche un senso intelligibile e fecondo all'azione dell'uomo e ad ogni evento (Lowith 2004: 21-39). Le tappe storiche acquistano lo status di momenti di un necessario sviluppo dell'umanità, e l'epoca moderna assume un ruolo centrale. La giustizia non è più relegata alla dimensione trascendente, ma diviene immanente, terrena, parte del processo della storia. Al massimo un qualcosa non ancora presente verso cui tendere.

Salgono in auge le categorie dinamiche del *cambiamento* e del *processo*. La modernità, nella sua fase ormai matura, ha interiorizzato e secolarizzato la concezione cristiano-giudaica del tempo, lineare e dotato di una precisa direzione. In effetti è qui che, forse per la prima volta, germoglia una interpretazione teologica della storia come storia della salvezza (*ibidem*).

Questo modello di pensiero elabora l'idea di un'esistenza di continuo dinamismo, rivendicando l'esplicita esigenza di definire un'immagine del mondo unitaria, secondo linee guida che uniscano il "mutamento universale" ed i singoli fatti storici in una "totalità dinamica" (Mannheim 2000: 65-79). In definitiva, è questo l'immaginario che la modernità ha costruito per sé stessa: una trama sensata in costante movimento, sorretta dai principi evolutivi precisi che forniscono la direzione per ordinare l'accadere, per guidare le trasformazioni più travolgenti e per foraggiare fiduciose aspirazioni.

Tra i dubbi e sospetti che emergono tra l'Otto e il Novecento, nell'esperienza concreta e nelle elaborazioni culturali e politiche, che propongono rappresentazioni forti di discontinuità rispetto alle nozioni classiche di progresso e storia, mettendo in dubbio la nozione di un cammino uniforme, cadenzato in maniera regolare, unidirezionale, dotato di senso salvifico, emerge – di nuovo – soprattutto la Prima Guerra Mondiale. Il conflitto ha rappresentato, specie per chi vi ha partecipato, una vera e propria interruzione della continuità tanto del corso storico quanto del proprio iter biografico. In questa sorta di pausa esistenziale anche il familiare, la realtà di casa, diviene, adoperando una terminologia incline ad un vocabolario freudiano, "perturbante". L'orrore bellico, a cui si è costretti ad abituarsi, rende distante ed estraneo il mondo civile, in cui sembra impossibile reinserirsi, specie per i reduci. Si crea uno iato insanabile, insomma, tra il passato che fu – che al limite si idealizza, ma che quasi non si riconosce più – ed un futuro che ormai sembra ostruito irrimediabilmente. E ciò sia durante quella sospensione della durata vitale che per molti è stata l'essenza dell'evento, sia nel momento in cui tanti sopravvissuti non hanno saputo, forse non hanno potuto più ordinare in un flusso sensato e vivificante i ricordi del mondo precedente al conflitto, l'esperienza di guerra, il proprio presente e l'orientamento al futuro.

Se la guerra, con il freno della sua distruzione, può annichilire lo spirito di un popolo anziché assecondare il senso di una sua evoluzione, allo stesso modo essa rappresenta sovente, per un numero enorme di soldati, la mortificazione effettiva di qualsiasi slancio vitale (Kern 1995: 367-380). L'esperienza della trincea, monotona, passiva, scandita dal frastuono assordante e minaccioso dei bombardamenti, alimenta la sensazione di un tempo indifferenziato, senza principio e senza termine.

Essa richiama, per la sua conformazione ramificata in superficie e nel sottosuolo, anche l'idea sinistra del labirinto (Leed 1985: 103-153). Quest'immagine, che ha scandito la realtà vissuta effettivamente dai soldati, sorregge un deciso senso di paralisi, la sensazione di non poter agire liberamente e l'idea dell'assenza di una direzione certa. Nel labirinto si smarrisce ogni orientamento, sia spaziale che temporale. Il tempo perde infatti una fisionomia precisa, diviene indistinguibile, nell'alternanza ciclica, ininterrotta e priva di una chiara direttrice, tra cannoneggiamenti violenti e mortifera calma. Il soldato è sopraffatto da un costante senso di passiva attesa, specie in virtù dell'impersonale ed invincibile potenza di fuoco cui è sottoposto, che sembra bloccare ogni possibilità di orientamento al futuro (Kern 1995: 117).

Il fragore delle esplosioni o del fuoco nemico, il fetore delle trincee, il cumulo di morti destrutturano l'apparato sensoriale consueto, provocando vigorose forme di alienazione mentale capaci di accompagnare una decisa dissociazione temporale. Nell'immobilità della trincea, ogni scoppio pare acquisire una durata infinita, dilatando il tempo dell'attesa e dell'impotenza (Gibelli 1998: 168-172). La granata la si sente arrivare con il suo inconfondibile boato. In quel momento ha luogo una vera e propria sospensione temporale, un'interruzione della durata che annichilisce i soldati rendendoli preda della loro immobilità. Le esplosioni, questi istanti dilatati e sconnessi l'uno dall'altro, forgiano un'esperienza che unisce paradossalmente tanto la frammentarietà di deflagrazioni a sé stanti, quanto la sensazione fragorosa e terrificante di attimi senza fine. Ciò che di sicuro manca è l'idea di un *continuum* che dia un significato ed una direzione agli eventi. L'equilibrio percettivo, frantumato in una molteplicità di *choc* destabilizzanti, dà così semplicemente il senso di un logorio persistente e senza tempo.

Nell'infinita noia e nella passività continua della guerra di trincea si fa dunque esperienza di frustrazione e di costante blocco dell'azione. Più che il libero sfogo delle proprie pulsioni, i soldati avvertono nuove e più acute costrizioni. Esse li imprigionano nella disciplina ferrea dell'ordinamento militare e nel clima di impotenza e claustrofobica segregazione che si esperisce nelle trincee e nei rifugi nel sottosuolo. È persistente l'impossibilità di ogni tipo di scelta. È stato giustamente detto che per il soldato «un'ansia senza fine, senza scopo, senza compenso e senza significato è entrata ora a far parte della struttura della vita contemporanea» (Fussell 1984: 408).

E non è che i vari attacchi suicidi, compiuti mandando al macello migliaia di persone per volta, possano in effetti dare l'idea di una diversa disposizione temporale e, finalmente, di una decisa appropriazione della propria attività. Non siamo, dunque, di fronte ad un solido senso del futuro. La battaglia caotica, labirintica e dalla violenza spaventosa attraversa un reticolo infinito di postazioni. Essa non rappresenta altro che una sorta di inutile e continuo andirivieni degli eserciti contrapposti sul campo di battaglia. Lo storico Eric J. Leed (1985: 138) ha ben indicato, a tal proposito, il concetto di "difesa elastica". Non ci si fossilizza più sulla difesa ad ogni costo della prima linea – una tattica che sarebbe irragionevole – ma si susseguono attacchi e contrattacchi che garantiscono, praticamente ogni volta, la riconquista successiva della propria linea ad opera di forze più fresche provenienti dalle retrovie. Gli attacchi perlopiù palesano dunque la loro inutilità e le posizioni rimangono, alla fine di ogni assalto, sostanzialmente immutate. Ciò che aumenta a dismisura è solo l'improduttivo numero di morti e feriti. Persiste così un'idea di stasi infinita che annichilisce ogni spirito offensivo. Se tale spirito sopravvive per puro caso, esso è falcidiato in maniera definitiva dal ponderoso fuoco di sbarra- mento. Nell'immutabilità percepita di ogni azione militare, si alimenta così la sensazione, da parte dei militi, di una storia senza verso, che non pare più disporre gli eventi in una sensata continuità di cause ed effetti. Tutto appare fermo, vano, assurdo.

In questo modo, nella cornice di morte e distruzione, la guerra procede per anni, mantenendo intatto il suo senso di deleteria ed inutile stagnazione della storia. Se i più anziani hanno la possibilità di pensare che un giorno potranno ritornare alla loro vita precedente, i più giovani, sradicati dai loro banchi scuola in tenera età, vivono più di tutti l'orrore della frattura bellica che ha interrotto una formazione culturale, sociale ed emotiva, ancora notevolmente incompleta. Tutto ciò che appartiene alla vita civile, in particolar modo al mondo dell'educazione scolastica, rivela una sua consistente vacuità, se commisurata alla realtà ed alle pratiche di guerra ormai acquisite dopo un così lungo periodo al fronte. Si avverte uno scarto enorme tra il momento bellico ed il passato. Ma anche il futuro sembra un'ipotesi inverosimile, specie perché non può radicarsi in alcuna continuità temporale che lo leghi al presente ed al passato. Esso si erige assurdamente su un vuoto, quello della sospensione del tempo che il conflitto ha generato. In definitiva, non c'è niente e nessuno in patria che sembri attendere i più giovani, soprattutto dopo che la loro maturazione è stata sciupata dall'attività bellica.

Fussell (1984: 27) ha scritto che «la Grande guerra fu forse l'ultima ad essere considerata all'interno di una "storia" ininterrotta e premeditata, comprendente un coerente flusso di tempo, che dal passato attraverso il presente raggiunge il futuro». Se ciò può essere vero per gli esordi del conflitto, e per il sorprendente entusiasmo dilagante, dopo poco risulterà chiaro, specie ai soldati in trincea, che la guerra può essere percepita come un'esperienza liminale, discontinua, quasi un blocco della storia.

La continuità del tempo sembra a molti smarrita irrimediabilmente (Gibelli 1998: 43-46). Il passato prossimo appare ormai lontano ed oscuro, in quanto è diffusa la percezione di un'interruzione sostanziale con ciò che esisteva prima, con le caratteristiche, le concezioni, le ideologie della vita civile. L'esperienza di guerra ha abolito in modo caustico e crudele tutte le abitudini precedenti. In un contesto temporale ristretto e soggetto alla trasformazione dinamica delle procedure distruttive, ha imposto a molti lo stravolgimento delle condizioni di vita e l'acquisizione di nuove competenze, di nuove conoscenze ma anche di nuove attitudini sociali e relazionali. La guerra richiede un'adesione totale, all'interno della sua cornice temporale discontinua. Tale partecipazione assoluta ed incondizionata reclama con forza il distacco dalla propria vita, dai rapporti personali, dalle inclinazioni individuali ma anche delle elaborazioni collettive precedenti. Si parla a buon ragione di "estraneazione permanente", dell'inserimento «in un processo di esclusione dal mondo, in una progressiva rottura dei legami con il noto, il familiare, che poteva avere termine solo con la (...) propria estinzione fisica» (Leed 1985: 33-34). Ma anche l'avvenire sembra ormai precluso con forza, la stessa forza dei bombardamenti o del fuoco di sbarramento. Ecco perché questa guerra rappresenta, in pratica, un'esperienza a sé stante, un'interruzione dispotica e duratura che può anche dissolvere la sensazione iniziale di partecipare al movimento dinamico della storia.

Ed in tanti hanno scorto, in una simile frattura temporale, l'indice di un macigno nel senso dell'io, nell'idea di un *continuum* identitario, che leghi, tra anteguerra, conflitto vero e proprio ed eventuale periodo postbellico, esperienze, conoscenze, competenze, emozioni. A ciò si aggiunge il vuoto creato, nella continuità storica, dallo sterminio di intere generazioni, ma anche, e soprattutto, da quel cosiddetto ingorgo affettivo (Cavicchia Scalamonti 2000: 143-147) causato dagli orrori di una morte di massa, impersonale, sentita come assurda. Di fronte a questa carneficina su scala industriale, insomma, le procedure di elaborazione del lutto e della memoria hanno presumibilmente trovato grosse difficoltà. Sebbene ci siano stati molteplici tentativi di gestione collettiva del lutto e delle problematiche di guerra (Winter, 2002) ciò che emerge è una sostanziale incapacità ad offrire orizzonti di senso. E, nello specifico, affiora la fatica di integrare proficuamente, con l'aiuto del ricordo, il passato, il presente ed il futuro in modo da poter contrastare l'irragionevolezza pervasiva.

Società del rischio e disinganno della ragione

Nell'epoca a noi più vicina, questa disaffezione nei confronti dell'idea di un'umanità segnata da forme di sviluppo e progresso continuo sotto la guida della razionalità, in special modo tecnico-scientifica, si intreccia soprattutto con le dinamiche di quella che Ulrich Beck (2000) ha chiamato "società del rischio". Essa germoglia dagli anni Sessanta in poi, acquisendo i contorni – a detta del sociologo tedesco – di una "seconda modernità".

Di fatto, la società contemporanea per Beck si organizza soprattutto attorno ai rischi specifici che produce e al dibattito pubblico che ne emerge. Parliamo, in buona sostanza, delle minacce generate dall'eccesso di industrializzazione o dalla struttura economica moderna. Si pensi, a tal proposito, alle catastrofi ecologiche, ai problemi per la salute derivanti da nuove tecniche di produzione degli alimenti o alle crisi finanziarie. In tutti questi casi si parla di rischi globali causati dalle scelte o comunque dall'operato umano. Sono, in pratica, gli effetti collaterali dei processi di modernizzazione avanzata. Tutto ciò che magari prima rappresentava una promessa di miglioramento della ricchezza o delle condizioni di vita, oggi minaccia di provocare conseguenze distruttive globali.

E tali insidie non sono visibili ad occhi nudo, ma possono essere al massimo preventivate dagli esperti. Rischio vuol dire, dunque, anticipare e prevedere la catastrofe. Se la minaccia è persistente e diviene protagonista nel dibattito pubblico, allora essa colonizzerà l'attenzione collettiva diventando il vettore delle preoccupazioni personali o sociali e dell'agenda politica. È questo che accade oggi, in definitiva, secondo Beck (2011).

Nella società contemporanea, così, è la messa in scena del rischio che ne fa emergere la centralità. Non importa se la probabilità della catastrofe sia minima o massima, il suo solo affacciarsi rende vacillante qualsiasi idea di sicurezza. Si pensi, per l'appunto, ad un disastro nucleare. Anche se difficile da realizzarsi, la sua sola minaccia diviene un problema di portata incommensurabile.

Ciò, per Beck, implica che a vacillare sia l'intera solidità delle certezze moderne. In primo luogo perché i rischi contemporanei sono il risultato dei successi della modernità, del suo sviluppo tecnico o economico. In secondo luogo perché l'autominaccia e l'autodistruzione sul piano globale diventano delle conseguenze imponderabili che sfidano la capacità di previsione e di controllo di cui la scienza si era dotata. Umberto Galimberti (1999) direbbe, a tal proposito, che la tecnica diviene a-finalistica e che siamo di fronte, usando un linguaggio andersiano, ad un "dislivello prometeico": vale a dire, si avverte una discrepanza sostanziale tra lo sviluppo tecnico indiscriminato e la capacità di controllo umano. Così, gli esiti del progresso non sono mai considerati scontati, tanto da perdere il suo ideale di salvezza per trasformarsi in possibile e percepibile annientamento dell'umanità stessa.

Il problema è proprio questo: non si percepisce la presenza di un fondamento scientifico certo, unanime, su cui basare il calcolo della probabilità secondo cui una catastrofe possa essere effettiva. L'incertezza pervasiva destruttura, così, ogni sforzo di affrontare razionalmente e con successo l'inatteso, che è ipotizzabile, sebbene non misurabile con precisione. È questa, sostiene Beck (2000, 2011), la nuova condizione umana della seconda modernità.

Nessuno è del tutto esperto sui pericoli, nemmeno i sistemi esperti. Il sapere è contemporaneamente un non-sapere. Il progresso della scienza, comunque e giustamente invocato, infatti, non dà però garanzie assolute in termini di sicurezza. Anzi, la sua affermazione origina maggiori dubbi sulla sicurezza stessa. Perché è quasi impossibile, anche con gli strumenti scientifici di cui disponiamo, intuire e prevenire tutte le conseguenze a catena, magari lontane nel tempo e nello spazio, dell'inquinamento o di un disastro nucleare, ad esempio. Inoltre, più la conoscenza permette di penetrare nei micro dettagli della realtà, più questa diventa problematica, piena di variabili da considerare. Per non parlare del fatto che il sapere scientifico che avanza finisce per porre all'attenzione pubblica rischi nuovi di cui magari non si aveva percezione. Se, infine, consideriamo che gli esperti non sempre sono in accordo tra loro, o che spesso emergono nuovi attori sociali – magari non scientifici, come politici, movimenti civili, celebrità o altro – che presumono di poter dire la loro sull'argomento, allora la condizione di ignoranza conclamata lungo cui si muove la società contemporanea diviene evidente (Beck, 2000).

Riassumendo, secondo Beck i rischi globali hanno tre elementi distintivi che, con le sue stesse parole, sono: «1. *Delocalizzazione*. Le loro cause e i loro effetti non sono limitati a un luogo o a uno spazio geografico; sono, in linea di principio, onnipresenti. 2. *Incalcolabilità*. Le loro conseguenze sono, in linea di principio, incalcolabili; in fondo si tratta di rischi "ipotetici" che si basano su un non-sapere prodotto dalle scienze e su un dissenso normativo. 3. Non-*compensabilità*. Il sogno di sicurezza della prima modernità non escludeva i disastri (anche di grandi proporzioni), ma essi erano considerati compensabili, i danni da essi prodotti erano ritenuti rimediabili (grazie al denaro, ecc.). Quando invece il clima è mutato irrevocabilmente, quando la genetica umana consente interventi irreversibili nell'esistenza umana, quando i gruppi terroristici dispongono già di arsenali di distruzione di massa, allora è troppo tardi. Di fronte a questa nuova qualità della "minaccia all'umanità" (...) la logica della compensazione perde la sua validità e viene sostituita dal principio della *tutela mediante prevenzione*. Inoltre, ci si sforza di anticipare e di evitare i rischi la cui esistenza non è ancora stata dimostrata.

La delocalizzazione dei rischi incalcolabili e reciprocamente intrecciati avviene a tre livelli:

Spaziale. I nuovi rischi (ad esempio il mutamento climatico) si estendono al di là dei confini dello Stato nazionale e addirittura al di là dei continenti.

Temporale. I nuovi rischi hanno un lungo periodo di tempo (ad esempio le scorie radioattive), sicché le loro conseguenze non possono essere attendibilmente determinate e delimitate; inoltre, mutano il sapere e il non-sapere, sicché la domanda su chi è coinvolto rimane aperta e controversa anche in relazione alla dimensione del tempo.

Sociale. I nuovi rischi sono il risultato di decorsi complessi, con lunghe catene di effetti; le loro cause e le loro conseguenze non si lasciano determinare con sufficiente precisione (ad esempio le crisi finanziarie).

L'incalcolabilità del rischio risulta dal peso soverchiante del non-poter-sapere. Nello stesso tempo, però, le pretese di conoscenza, di controllo e di sicurezza dello Stato vengono rinnovate, approfondite e allargate. Ne deriva l'ironia di controllare qualcosa anche quando non si sa affatto se esiste» (Beck 2011: 86-87)

In buona sostanza, emerge un sospetto di fondo nei confronti delle istituzioni moderne della politica o del sapere, sebbene persista la domanda di sicurezza. L'orizzonte del futuro finisce di essere considerato come plasmabile in modo completamente consapevole, e diviene fonte di preoccupazione ed incertezza. I disastri potrebbero avere luogo in qualsiasi momento e con entità non preventivabile, potrebbero colpire chiunque senza logica e con effetti sconosciuti.

Il rischio è che possa emergere, in definitiva, uno stato d'eccezione permanente, fondato sull'emergenza, che finisce per indebolire il potere degli Stati e degli istituti economici, politici, scientifici (Ivi: 111-131).

Bibliografia:

Beck U., *La società del rischio. Verso una seconda modernità*, Carocci, Roma, 2000.

Beck U., *Conditio humana. Il rischio nell'età globale*, Laterza, Roma-Bari, 2011.

Bloch E., *Sul progresso*, Guerini e Associati, Milano, 1996.

Cavicchia Scalamonti A., *La camera verde. Il cinema e la morte*, Ipermedium libri, Napoli, 2000.

Condorcet J. A. N. C. de, *I progressi dello spirito umano*, Editori Riuniti, Roma, 1995.

Finkielkraut A., *Noi, i moderni*, Lindau, Torino, 2006.

Fussell P., *La Grande Guerra e la memoria moderna*, il Mulino, Bologna, 1984.

Galimberti U., *Heidegger, Jaspers e il tramonto dell'Occidente*, Il Saggiatore, Milano, 1996.

Galimberti U., *Psiche e techne. L'uomo nell'età della tecnica*, Feltrinelli, Milano, 1999.

Gibelli A., *L'officina della guerra. La Grande Guerra e le trasformazioni del mondo mentale*, Bollati Boringhieri, Torino, 1998.

Kern S., *Il tempo e lo spazio. La percezione tra Otto e Novecento*, il Mulino, Bologna, 1995.

Koselleck R., *Accelerazione e secolarizzazione*, Istituto Suor Orsola Benincasa, Napoli, 1989.

Koselleck R., Meier C., *Progresso*, Marsilio, Venezia, 1991.

Leed E. J., *Terra di nessuno. Esperienza bellica e identità personale nella prima guerra mondiale*, il Mulino, Bologna, 1985.

Löwith K., *Significato e fine della storia. I presupposti teologici della filosofia della storia*, Il Saggiatore, Milano, 2004.

Mannheim K., *Sociologia della conoscenza*, il Mulino, Bologna,

2000.

Nisbet R. A., *Storia e cambiamento sociale. Il concetto di "sviluppo" nella tradizione occidentale*, ISEDI, Milano, 1977.

Sasso G., *Tramonto di un mito. L'idea di "progresso" fra Ottocento e Novecento*, il Mulino, Bologna, 1984.

Simmel G., *I problemi della filosofia della storia*, Marietti, Genova, 2001.

Sombart W., *Il capitalismo moderno*, UTET, Torino, 1967.

Sombart W., *Il borghese*, Longanesi & Co, Milano, 1983.

Sue R., *Il tempo in frantumi. Sociologia dei tempi sociali*, edizioni Dedalo, Bari, 2001.

Touraine A., *Critica della modernità*, Il Saggiatore, Milano, 1997.

Weber M., *La scienza come professione* e *La politica come professione*, Mondadori, Milano, 2006.

Weber M., *Economia e società*, Edizioni di Comunità, Milano, 1961.

Winter J., *Sites of memory, sites of mourning. The Great War in European cultural history*, Cambridge University Press, Cambridge, 2002.

Linda De Feo

Le promesse dei mostri: *ipotesi prospettiche di un ecologismo creativo.*
Il concetto di progresso in Donna J. Haraway

> È in corso una macrocrocifissione nel mondo -e del mondo-. [...] Il *kerygma* (l'insegnamento) di Tagore [...] è il seguente: l'ecosfera è sacra e va salvaguardata, protetta, venerata e apprezzata *come unità*: non la vita di singoli esseri umani e animali, bensì l'ecosfera come [...] entità unitaria e indivisibile, una catena vitale che viene spezzata, e non solo temporaneamente, [...] piagata e agonizzante, in pericolo di morte, lancia grida d'aiuto.
> (Philip K. Dick, 1997: 354-355).

0. Introduzione

Nell'ambito di una riflessione sul concetto di progresso, utilizzando un approccio di tipo storiografico-epistemologico, con il presente lavoro si tenterà di compiere una disamina, seppure consapevolmente non esaustiva, di un'opera di Donna J. Haraway, *Le promesse dei mostri. Una politica rigeneratrice per l'alterità inappropriata*, pubblicata nel 1992, ancora dotata di una notevole tensione ermeneutica, in grado di attraversare le dedaliche traiettorie dell'età attuale.

Autorevole voce del pensiero contemporaneo, la filosofa della scienza, nonché biologa, pone in rilievo quanto l'acquisizione da parte dell'umanità di sempre più complesse forme di esistenza abbia prodotto "incombenti" "apocalissi" (Haraway, 2019a: 76).

L'intendere lo sviluppo sociale come frutto di un accumulo di nozioni scientifiche e tecniche nonché la conoscenza come dimensione proiettata nell'avvenire, non suscettibile di limite alcuno, era derivato dalla disgregazione, avviata in epoca rinascimentale, della visione centrale del mondo medievale, consistente nella necessità della *conservazione* del sapere. Seguendo una direzione precisa, ossia una linea verticale orientata in senso ascendente verso sempre più auspicabili, luminosi traguardi, il cammino delle civiltà ispirato al mito della modernità lasciava affiorare un'idea di progresso coincidente con un principio di continuità della storia. La convinzione che la varietà antroposferica fosse sorretta da leggi di natura eterne e universali esprimeva un bisogno di unità, manifestato attraverso la ricerca di un metodo ideale, identificato con quello delle scienze esatte. Nel disconoscimento dell'omogeneità delle strutture categoriali della scienza, della sua costituzione per espansione di identici procedimenti e del suo assecondare l'asintotica approssimazione a un *locus* di verità assoluta, la contemporaneità ha demolito l'euristica di una prospettiva unitaria del patrimonio conoscitivo, peraltro indebolita dalla sottolineatura del carattere probabilistico delle acquisizioni gnoseologiche, non soltanto misura della loro provvisorietà ma anche rivelatore di dinamiche della stessa *physis*. Prodotta dalla caotica instabilità fenomenica, la probabilità, comparsa già a livello microscopico (Prigogine, 2008), genera a sua volta la rottura della simmetria temporale tra passato e futuro. Se nel campo della matematica è stato messo in discussione il paradigma millenario della dimostrazione classica, l'irreversibilità, l'incertezza e il caso sono stati riconosciuti, nel campo della fisica, come caratteri intrinseci della realtà e dei plastici modelli destinati ad analizzarla. L'ordine e il determinismo appaiono superati dall'aleatorietà, dall'indeterminazione e dall'entropia, mentre, nel flusso di un tempo non proiettato finalisticamente verso un risultato, gli eventi diventano unici e irripetibili. Rendendo vana la ricerca di una prospettiva descrittivo-esplicativa che avrebbe dovuto elaborare una "sintesi" scientifica "ricompositiva" (Longo, 2001: 103, 107), lo studio della complessità ha condotto alla creazione di plurimi centri di osservazione, relativi anche alle singolarità culturali e strumentali degli analisti. Un'umanità ignara di come angolazioni cognitive differenti si producano continuamente in modo reciproco, e di come aree di liminalità del sapere costituiscano condizioni di possibilità dei suoi meccanismi costruttivi, non potrà che consegnarsi alla fallacia di una sterile dottrina: la molteplicità dei punti di vista costituisce un prerequisito fondamentale per la comprensione dei fenomeni, delle loro ambiguità e delle loro "catastrofi" (Thom, 1980).

1. Un presente alternativo per umane/i e non umane/i

Credere nel paradigma della modernità è stato un "errore in sé". Si evidenzia l'urgenza di domande concernenti le modalità di condotta che gli abitanti di un luogo delimitato di un cosmo infinito devono assumere per potersi rapportare a quest'ultimo, interrogativi riguardanti l'individuazione di un numero determinato di diritti e di doveri, nei cui termini riportare la scoperta dell'infinità delle variabili dell'universo nonché dell'umano *inner space*.

L'autrice osserva come l'antropocentrismo delle immagini prevalenti dello sviluppo, raffigurando la specie umana come il culmine di un processo di complessificazione, abbia ignorato l'ineludibilità della contingenza dell'evoluzione, e come l'etnocentrismo occidentale, credendo nella superiorità della razionalità moderna, abbia rivelato la sua efferata ingenuità. Scienza, filosofia e religione cristiana, che hanno accompagnato i popoli europei in una sanguinaria esplorazione del pianeta, scontrandosi con la storia indigena dei popoli *altri* e producendo un'omologazione forzata delle civiltà, hanno rinnegato l'eterogeneità come condizione essenziale al funzionamento di ogni tipo di organizzazione collettiva. La studiosa rileva come il cogliere le dissomiglianze ontologiche ed epistemologiche delle etnie sia funzionale all'intenzione decostruttiva di una definizione di progresso intesa come insieme di processi guidati da una parte distruttrice dell'umanità, che non ha ancora imparato a coesistere con gli altri viventi senza arrecare loro danno. Il selvaggio sfruttamento della natura da parte della tecnoscienza, elemento delle strategie economiche della modernità e della contemporaneità, impone la necessità di riforme giuridiche che difendano ambienti e attori storici periferici rispetto al sistema internazionale dell'economia.

Opportunamente polemico è lo sguardo rivolto dalla filosofa al presunto vertice di tale sistema, "rispecchiato" (Lukács, 1957: 146) dallo scibile istituzionalizzato. L'ostinato protendersi della scienza ad assumere un andamento di tipo additivo, provocando una trasformazione della naturale collocazione dell'uomo nel cosmo, non può non indurre a condannare i soprusi di politiche prevaricatrici. Il riconoscimento dell'importanza del legame tra cura dell'ecosistema e cambiamento delle prassi governative, l'impellenza, dunque, di una palingenesi ambientale non disgiunta da una palingenesi sociale va nella direzione di un ridimensionamento della centralità del ruolo del soggetto umano. Indotto dall'astrazione consentita dal linguaggio a confidare nella certezza della "realtà" dei propri "concetti astratti", quest'ultimo, ritenendosi "re della natura", si è reputato "libero", ha ignorato la propria dipendenza dalla "biosfera" (Laborit, 1985: 106) e ha considerato se stesso "padrone dell'ente" piuttosto che "pastore dell'essere" (Heidegger, 1995: 73). Il senso dell'abitare dovrebbe recuperare i propri principi primi, rivolgendo lo sguardo all'essenza arcaica dell'*oikos* dell'uomo, della sua casa, la Terra. Una rinnovata economia del dimorare dovrebbe fondarsi sulla traslazione della razionalità dal piano formale a quello materiale, vale a dire su una conversione dell'agire razionale meramente conforme allo scopo in agire razionale agganciato a un nucleo valoriale (Weber, 1974: 80-81), nonché sulla risoluzione della contraddizione esistente nell'orizzonte etico tra il versante della volontà e quello della responsabilità (Weber, 1948a: 109). Sul piano delle ipotesi prospettiche esiste una divaricazione sensibile tra un ecologismo di tipo puramente conservativo e una visione di indubbio carattere creativo.

Uno degli obiettivi della riflessione dispiegata in *Le promesse dei mostri* consiste nell'elaborazione di una teoresi finalizzata alla ricerca di un possibile "presente alternativo", una "visione informata", utile ad *orientarsi* in quel labirinto letterario,

cinematografico, televisivo, fumettistico, "scientificamente fit-
tizio", ma "speculativamente reale", definito *science fiction*.
Non identificabile con una "panoramica sistematica", bensì
con un "dispositivo di localizzazione" in una "serie di strumenti artigianali", la dottrina harawayana non mira al distan-
ziamento dall'oggetto di studio quanto piuttosto alla sua "connessione" con un "altrove immaginato", che si dovrebbe provare a costruire grazie a una "vista re-inventata", a un nuovo
modo di concepire l'ambiente, trascendente la sua "reifica-
zione", sottolineandone la funzione di *topos* in cui riedificare
la "cultura pubblica". Nell'analisi di alcune, fondamentali questioni concernenti l'equilibrio ecosistemico, l'autrice parte
dalla prospettiva di un "artefattualismo dinamico" (Haraway,
2019a: 37, 38-39, 41), considerando la natura, in tutte le sue
manifestazioni, come un "nodo generativo material-semiotico"
(Haraway, 1995: 59), in cui sviluppo intrinseco e progettazione
esterna si compenetrano a vicenda. Gli oggetti tecnici, sin da
quando gli strumenti primitivi furono percepiti dal cervello
ominide come estensioni organiche (Leroi-Gourhan, 1977),
hanno promosso un processo di denaturalizzazione (Hayles,
1990: 265-295), un processo compulsivo di "produzione della
natura" (Haraway, 2019a: 43), il quale, dal momento storico
coincidente con la trasformazione del valore dei beni dall'uso
allo scambio (Marx, 1974: 67-115), ripropone l'ecosfera a immagine della produzione di merci. In quanto "co-costruzione
tra umane/i e non umane/i", il pianeta non corrisponde
all'esito di operazioni vincolate all'opinione glorificante di una
tecnoscienza imbrigliata in un paradigma "chiuso". Ogni modello è infatti "contestabile e contestato", in linea con attitudini

politiche, etiche ed estetiche segnate da forme di resistenza o di ribellione che spingono verso una "re-visione del mondo" (Haraway, 2019a: 52, 53).

Negando la capacità di azione di ogni altro "attore che non rappresenti l'"Uno", l'"Identità", cioè il *subiectum* dell'epistemologia classica, impersonato dal maschio occidentale, la logica del "produzionismo" e del suo "corollario", ossia l'"umanesimo", afferma che la più "quotata produzione tecnica" dell'*homo faber* sia se stesso. "Storicamente determinati", i corpi umani presentano però diversi ordini di "specificità": essendo oggetti di sapere che materializzano i propri confini nell'interazione sociale, essi non sono gli unici a contribuire alla realizzazione dei discorsi scientifici (Haraway, 2019a: 46-48), in cui sono coinvolte anche entità non umane, comprese le macchine.

L'"artefattualità della natura" e dunque dell'"apparato di produzione corporea" conduce alla "corporalità della teoria", che mai si presenta "disincarnata" (Haraway, 2019a: 52). Se la distaccata e astratta oggettività scientifica fa smarrire una visione *olistica*, risulta opportuno formulare una dottrina che renda possibile scorgere o generare una Terra co-costruita, tanto da far asserire, in maniera prudentemente ottimistica, che il "mondo non è finito" e che il "cielo non è crollato" (Haraway, 2019b: 85). Tratteggiato dalla studiosa, l'"artefattualismo differenziale" suggerisce una possibilità di riproduzione che genera non mere repliche di corpi e ambienti, bensì entità polimorfe, non conformi, immerse in una "razionalità" "non riflettente" ma "diffrattiva" e capaci di intrecciare una "relazionalità" "decostruttiva" che infranga i rapporti di potere.

"Soggetti sociali emergenti", le alterità *"inappropriate/bili"* dimorano ora nell'"altrove" futuribile della "tecnoscienza transnazionale", adombrato anche da incoraggianti metafore. La riflessione e la rifrazione danno vita, dislocandolo, al "medesimo", diversamente dalla diffrazione, che consiste in una "mappatura" dei "luoghi in cui gli effetti delle differenze si manifestano", una mappatura delle "interferenze", soprattutto di quelle prodotte dagli avveniristici organismi cibernetici (Haraway, 2019a: 54-56) provenienti dai territori della fantasia e progressivamente più inclini ad affermare la propria presenza nel concreto vissuto quotidiano.

2. Per un'ecologia della giustizia
Esprimendosi in maniera critica nei confronti di una scientificità *absoluta*, la filosofa, nella tentacolarità della propria speculazione, presta quindi attenzione ad altre sfere dell'umana espressività. La "svolta verso l'immaginazione, con l'accento posto sul potenziale creativo di scienza e tecnologia" (Jasanoff, Kim, 2015: 339), le consente di illustrare il proprio "pensiero" "trasformativo" (Ferrante, 2019: 161), la propria *Weltanschauung*, collocando al centro dell'osservazione interpretativa una serie di immagini effigianti la contemporaneità. La pratica immaginifica, per l'autrice, costituisce un mezzo di produzione di conoscenza, mai correlata quest'ultima a un'esclusiva conquista delle scienze autorizzate a produrre *verità*. Evocato come un'arma di pratica politica, l'immaginare, il destrutturare i pregiudizi, vuol dire "ridisegnare" "mappe" e "costruire" "collettivi" ispirati a una "semiologia" segnata da studi sulla tecnoscienza da intendere più intelligentemente come "studi

culturali" (Haraway, 2019a: 131, 135).

Al fine di indagare le figure che abitano l'esercizio di tali studi, narrando una storia amoderna, in *Le promesse dei mostri* la Haraway utilizza uno strumento euristico, il quadrato semiotico greimasiano (Greimas, 1966), che, in questo caso, delimita quattro spazi in cui esplodono battaglie "locali/globali", convergenti su uno specifico oggetto di dissidio: i "significati" e le "incarnazioni" della "natura". Le quattro regioni descritte, siti sia di infernali epifanie sia di provvide catarsi, sono: "A, lo Spazio Reale o la Terra; B, l'Altro Spazio o l'Extraterrestre; non-B, lo Spazio Interno del Corpo e non-A, lo Spazio Virtuale o il mondo della Fantascienza". Il fine di tale panoramica consiste nel mostrare graficamente i tropi alla base di una forma "politica" di "speranza per questi tempi mostruosi". Nei primi tre quadranti dimorano figure popolari simboleggianti "natura" e "scienza", alcune delle quali, nonostante l'apparenza, rivelano elementi fortemente vincolati a strutture di dominio. Nel quarto quadrante la studiosa incontra una figura guida, un'"amoderna Beatrice", che inizia il lettore alla "neonatologia dell'alterità inappropriata/bile" (Haraway, 2019a: 69, 71). Mediante un immaginario radicale, attivista, la filosofa crea la rappresentazione cartografica di un'età segnata dall'annichilimento della biodiversità e dall'estinzione di massa. La Haraway guarda alla natura tutta, da sempre artefatta in termini di articolazione. Articolarsi vuol dire "co-abitare co-costituendosi", instaurando non rapporti di supremazia ma "relazioni liberatorie", aggregandosi in "coalizioni orizzontali" e non ripartendosi lungo "linee gerarchiche" (Balzano, 2019: 10). In ogni quadrante agiscono due movimenti: la territorializzazione e la deterritorializzazione, cioè tentativi di espropriazione delle alterità inappropriate/bili e conflitti di queste ultime per raggiungere l'autodeterminazione.

Funzionale alle politiche di arricchimento della "natura sociale" (Haraway, 2019a: 81), elemento inserito nel primo quadrante del quadrato semiotico usato dall'autrice, è la rielaborazione del "concetto di natura" mediante l'"ecologia della giustizia": i popoli dell'Amazzonia, ad esempio, continuano a lottare per il "riconoscimento legale delle terre native e delle risorse estrattive gestite in base al principio della proprietà collettiva" (Hecht, Cockburn, 1989: 207). Natura e giustizia sono "oggetti discorsivi" "incarnati" nella materialità. Ai corpi marginali deve essere riconosciuta la funzione di "rappresentanti dell'umanità". Ci si riferisce, ad esempio, ai corpi "razzializzati", completamente assenti nell'iconografia occidentale, come dimostra, per citare un caso emblematico, l'annuncio pubblicitario della Gulf Oil Corporation, dall'evocativo titolo *Understanding is Everything*, segmento immaginativo contemplato nel primo quadrante, che ritrae la zampa di una scimmia africana stretta alla mano di una donna bianca in un "metonimico" atto di fiducia, "contatto innocente", fondato sulla totale invisibilità dell'umano *terzo* mondo". L'animale, immerso nella giungla, si affida a una specie che lancia suoi conspecifici nello Spazio Extraterrestre. Scimpanzé cibernetici, "telemetricamente" impiantati, diventati iconici, hanno preceduto gli astronauti, i quali, come "feti cosmici individualizzati", fluttuano nel brillante e problematico Spazio che il quadrato harawayano definisce "Altro". "Estranei" questa volta "non umanoidi", popolano, invece, lo Spazio Interno del Corpo, consentendo all'organismo di mantenere la propria integrità. Il riferimento è all'estraneità respinta o accolta dal "distribuito" sistema immunitario, sistema di "comunicazione" altamente "adattabile", grazie al quale il Sé e l'altro da Sé mostrano il carattere dialettico della loro relazione, il nesso di reciproca implicazione, esistente in un corpo mai "gerarchico", bensì "reticolare", diffuso, "complesso" e indefinito, eppure sempre coerente nel suo insieme (Haraway, 2019a: 76, 97, 102, 111, 117-119). Il rimando è anche all'estraneità di dispositivi artificiali innestati nella carne dell'"*homo technologicus*", "simbionte" attualmente formato dall'amalgama tra il *soma* e le protesi sensoinformazionali (Longo, 2001; Longo, 2003).

L' "assemblaggio" è la "condizione d'essere" degli "*articulata*": "noi articoliamo dunque siamo", sostiene la studiosa, parafrasando l'*ego cogito* dell'*ego sum* cartesiano. Articolare vuol dire "significare", accostando elementi anche "spaventosi" (Haraway, 2019a: 122-123). Lisa Foo, protagonista di un racconto varleyano (Varley, 1989a), che guida il lettore nell'ultimo quadrante preso in considerazione dalla filosofa, lo Spazio Virtuale, "Vast Active Living Intelligence System" (Dick, 2000a), è una donna-drago, meticcia creatura del sud-est asiatico, che viene ferocemente assassinata. Tale morte, superando i "confini del piacere" della lettura del testo, induce a riscrivere sia l'intreccio tramico sia la presentazione dell'"intero collettivo umano e non-umano" che dimora nel personaggio: l'obiettivo della "riscrittura differenziale/oppositiva" consiste nel "riarticolare" quest'ultimo, per poter ridelineare le "mappe" dell'esistenza, lasciando sussistere le "linee aperte all'imprevisto", realizzabile "compimento" di una, seppur "improbabile", "speranza". La diffrazione di "significati incarnati" si rivela funzionale alla rinascita di una "politica culturale" finalizzata alla costruzione di "collettivi più potenti" nonché alla *formazione* di creature transitanti, mutanti, fluide, come quelle metaforizzate, ad esempio, dalla fanciulla cinese ritratta nel dipinto randolphiano *Cyborg*, del 1989, entità animal-umano-macchinica, la quale, avendo visto negarsi la "strategica illusione dell'autoidentificazione" (Haraway, 2019a: 109-110, 230-231, 135), propone se stessa come foriera di più promettenti realtà tecnopolitiche.

3. Conclusioni

Attraverso la generazione di parentele trascendenti la specie umana, l'autrice invita a pratiche che estendano il connubio simbiotico oltre la cerchia antropica. Risorse storiche e vocazioni politiche, applicazioni tecniche e progetti artistici devono cooperare alla realizzazione di un mondo che associ all'umano il non umano. L'avanzamento tecnologico, affiancato al potenziamento dell'egemonia degli Stati *core* del "world system" (Wallerstein, 2015), avendo sortito nel regno naturale effetti di perversione morfogenetica, obbliga a un ripensamento in chiave antipositivista dell'esistenza, la quale andrebbe più realisticamente considerata non come totalità processuale di eventi direzionata in senso crescente, ma come tracciato accidentato, fatto di rovinosi arresti, repentine retrocessioni, tragiche cadute. Affermando l'irriducibilità della concezione del tempo al continuismo di ogni filosofia della storia e negando qualunque forma di epigonismo, vale a dire di accettazione passiva da parte dei posteri dell'eredità ricevuta dal passato, la studiosa ritrova l'idea *messianica* di una temporalità segnata dall'azione corale. Affinché emerga una società globale, interconnessa alle civiltà antecedenti ma non loro vertice imprescindibile, il tempo della durata, *kronos*, deve contrarsi nel *kairòs*, il tempo dell'opportunità, che rende attuabile l'azione riparatrice nell'*hic et nunc* e che *rifugge* l'*èskatos*, il tempo della finitudine, quella finitezza che oggi esiste nell'aria stessa e che invoca un pensiero che sia interrogazione.

Quando "ciò che succede" si spinge molto più in là del "pensabile", l'eterno si trasforma in "permanenza del provvisorio" (Morselli, 2009: 111, 145). L' "agire creativo", nel suo prismatico aspetto, diventa *"libero-dar-forma"* derivato da un "dovere" e da uno "stato di necessità", dei quali l'uomo reca nell'animo il senso di "gravità" (Heidegger, 1992: 238-239) sortito dalla coscienza di vivere in una dimora che, come sta accadendo nella tragicità contemporanea, presenta aspetti di pericolosissima irriconoscibilità. L'irruzione del divenire nel campo dell'essere, la distruzione di obsolete prigioni cognitive, la disgregazione dell'antitesi tra giustezza ed erroneità, la costruzione di verità contestuali, situate, e una cartografia di feconde scoperte immaginative, "cruising utopias" (Munoz, 2009), promuovono, secondo la Haraway, una storia magari precaria, parziale, ma comunque *altra* rispetto alla tossica spirale di temibili estasi e alle linee dominanti di una presunta verità atemporale, su cui, in molti racconti falsamente salvifici, si è basata finora l'idea venefica, non ancora completamente superata, di progresso.

Bibliografia

Balzano A., *Haraway in loop. Viaggiare, non introdurre*, in Haraway D. J., 2019a.

Dick Ph. K., *Lettera su Tagore*, in Sutin L. (a cura di), 1997.

Dick Ph. K., *Valis*, 2000a, in Dick Ph. K., 2000b.

Dick Ph. K., *Trilogia di Valis*, Mondadori, Milano, 2000b.

Ferrante A. A., *Le promesse delle divinità ctonie. Farsi compost in questo mondo di guai*, in Haraway D. J., 2019a.

Greimas A. J., *Sémantique structurale*, Larousse, Paris, 1966.

Haraway D. J., *Manifesto cyborg. Donne, tecnologie e biopolitiche del corpo*, Feltrinelli, Milano, 1995.

Haraway D. J., *Testimone_Modesta@FemaleMan©_incontra_OncoTopo™. Femminismo e tecnoscienza*, Feltrinelli, Milano, 2000.

Haraway D. J., *Le promesse dei mostri. Una politica rigeneratrice per l'alterità inappropriata*, DeriveApprodi, Roma 2019a.

Haraway D. J., *Chthulucene. Sopravvivere su un pianeta infetto*, Nero, Roma, 2019b.

Hayles N. K., *Chaos Bound: Orderly Disorder in Contemporary Literature and Science*, Cornell University Press, Ithaca, 1990.

Hecht S., Cockburn A., *The Fate of the Forest: Developers, Destroyers, and Defenders of the Amazon*, Verso, New York, 1989.

Heidegger M., *Concetti fondamentali della metafisica: mondo, finitezza, solitudine*, Il Melangolo, Genova, 1992.

Heidegger M., *Lettera sull'umanismo*, Adelphi, Milano, 1995.

Jasanoff S., Kim S. H., *Dreamscapes of Modernity: Sociotechnical Imaginaries and the Fabrication of Power*, The University of Chicago Press, Chicago, 2015.

Laborit H., *La colomba assassinata*, Mondadori, Milano, 1985.

Leroi-Gourhan A., *Il gesto e la parola: I. Tecnica e linguaggio, II. La memoria e i ritmi*, Einaudi, Milano, 1977.

Longo G. O. *Homo technologicus*, Meltemi, Roma, 2001.

Longo G. O., *Il simbionte. Prove di umanità futura*, Meltemi, Roma, 2003.

Lukàcs G., *Prolegomeni a un'estetica marxista. Sulla categoria della particolarità*, Editori Riuniti, Roma, 1957.

Marx K., *I. Il capitale. Critica dell'economia politica*, Editori Riuniti, Roma, 1974.

Morselli G., *Dissipatio humani generis*, Adelphi, Milano, 2009.

Muñoz J. E., *Cruising Utopia: The Then and There of Queer Futurity*, New York University Press, New York, 2009.

Prigogine I., *Le leggi del caos*, Laterza, Bari, 2008.

Sutin L. (a cura di), *Mutazioni. Scritti inediti, filosofici, autobiografici e letterari*, Feltrinelli, Milano, 1997.

Thom R., *Stabilità strutturale e morfogenesi. Saggio di una teoria generale dei modelli*, Einaudi, Torino, 1980.

Varley J., *Premi Enter*, 1989a, in Varley J., 1989b.

Varley J., *Bolle d'infinito*, Mondadori, Milano, 1989b.

Wallerstein, I. (ed.), *The World is Out of Joint: World-Historical Interpretations of Continuing Polarizations*, Paradigm Publishers, Boulder, CO, 2015.

Weber M., *La politica come professione*, 1948a, in Weber M., 1948b.

Weber M., *Il lavoro intellettuale come professione*, Einaudi, Torino, 1948b.

Weber M., *Economia e società*, Edizioni di Comunità, Milano, 1974.

Adolfo Fattori*

Fallout Default

> *... i cinquant'anni della mitragliatrice.*
> (Gottfried Benn, 1967)

> *In un momento imprecisato degli anni Ottanta del XX secolo,*
> *la storia ha fatto un'inversione di rotta.*
> *Una volta superato l'apogeo del tempo,*
> *il vertice della curva dell'evoluzione, il solstizio della storia,*
> *comincia la fase discendente degli eventi, il percorso in senso in-*
> *verso.*
> (Jean Baudrillard, 1993)

Cinque fotografie. Cinque immagini di bunker sotterranei di cemento e metallo, resi alla vista da una luce fredda e lancinante. Bunker che – costruiti sotto il fascismo a Bagnoli, alle porte di Napoli – sarebbero stati poi ereditati dagli Alleati alla fine della Seconda guerra mondiale per servire come rifugi antiatomici sotto la sede della Nato. Riusciamo a immaginarne l'uso che potevano farne i fascisti durante il loro sciattamente tragico "ventennio", costruiti com'erano per escludere completamente l'esterno, e a maggior ragione immaginiamo – nutriti come siamo stati dell'immaginario della guerra atomica e

60

di quello delle invasioni aliene – come potessero essere stipati di provviste alimentari, di brandine, di rifornimenti di tutto ciò che poteva essere necessario nel caso di un attacco atomico.

Li scrutiamo nella loro nudità, nell'assenza di ombre, perché non ci sono oggetti a riempirne gli spazi.

Luoghi vuoti, ormai morti, perché – a quanto sembra, o sembrava – la loro funzione è stata... *dismessa*, almeno per un po': diciamo, dai primi giorni del novembre 1989 fino a qualche mese fa. Possiamo considerarli residui di archeologia... industriale? No.

Piuttosto, architettura della paranoia travestita da prudenza e programmazione, in perfetto stile militare – che tornano utili, almeno nelle fantasie dei profeti dei disastri bellico-diplomatici, quando si ripresentano sulla scena del mondo eventi che riecheggiano situazioni già viste, anche se solo per somiglianze superficiali. Come se l'osservazione di Jean Baudrillard posta in epigrafe sia riferita essa stessa a una eventualità destinata a replicarsi all'infinito, in una spirale senza fine – e senza speranza.

Fine del mito del progresso, già sbeffeggiato e polverizzato dalla Bomba e dalle guerre successive (il che dimostra quanto il rischio della annichilazione nucleare sia stato e sia un deterrente molto relativo...) – e dal procedere della digitalizzazione, già profetizzata da Gottfried Benn in *Doppia vita*: "Sarà lo stile dei robot. Stile del montaggio" (1967: 131). Dal secondo al terzo ordine dei simulacri, per dirla con Jean Baudrillard (1976), il passo è stato breve, nel condurci dalla cibernetica al virtuale.

Se il mito del progresso ha viaggiato su due gambe, *benessere* e *pace*, le ha perse tutte e due in guerra – che, si sa, è il motore più potente per lo sviluppo delle tecnologie – e si è fermato: una carcassa rugginosa, sgraziata, abbandonata lungo una strada deserta e polverosa.

Così, questi rifugi strappati dalla NATO ai fascisti non sono dissimili, solo molto più capienti, di quelli che la propaganda americana consigliava in patria di costruire nel cortile di casa e che l'industria pubblicizzava, mentre a scuola a ragazzini e ragazzine veniva insegnato come difendersi nel caso di *fall-out* nucleare (Signori, 2003) e gli scrittori di fantascienza si esercitavano nell'esplorare le possibili declinazioni del "mondo del giorno dopo"...

Residui della "guerra fredda", quella che non è mai diventata "calda" nelle metropoli del mondo, preferendo prudentemente, i potenti della Terra, di giocarsela nelle periferie, nei paesi più disperati del pianeta – rendendoli ancor più disperati e poveri.

Pure, se aguzziamo lo sguardo, possiamo intravvedere delle figure – fantasmatiche, quasi degli ectoplasmi, come quelli "evocati" nelle foto di Étienne Jules Marey, agli albori della sperimentazione sull'immagine in movimento – apparire in controluce, come sagome rivelate dal pulviscolo impegnato eternamente nel suo moto browniano. Gli spettri dei soldati che immaginiamo li abbiano frequentati, esercitandosi alla guerra, mentre la guerra non c'era.

Progettati e costruiti perché gli uomini del potere politico, militare, di *intelligence* potessero gestire i loro traffici indisturbati e magari prepararsi a popolare un futuro postatomico, ora sono solo dei residuati, artefatti passati di un futuro scartato, che pareva divenuto inattuale, anacronistico, attorno al 1989, ma che ogni tanto ci dicono – per pessimismo o semplice prudenza – occhieggia comunque, a intermittenza, da dietro un angolo della nostra immaginazione e delle nostre angosce, a richiamare le immagini di un sempre possibile *fallout* nucleare.

Perché le guerre non sono finite, hanno solo preso nuove articolazioni. Confinate comunque nelle periferie dei vari imperi attuali, hanno preso l'abitudine di venirci a trovare in casa, almeno dall'11 settembre 2001. E non è detto che prima o poi i loro oscuri araldi non alzino il tiro, ricorrendo alle armi più estreme. O almeno, questa è la percezione che molti di noi hanno dei rischi che ci riserva il futuro.

Insomma, questi bunker colti da Aniello Barone, fotografo sociologo, e raccolti in *Default*, sono dei veri e propri monumenti ad un'idea cupa e ossessionata di un recente passato, che per Barone funzionano come monito anche rispetto al futuro prossimo, e non solo perché ci ricordano la possibilità della distruzione totale dell'umanità. Quasi a marcare un presente ormai definitivo, fissato in un unico istante, quello di un pericolo assoluto, non svanito, ma bloccato in un eterno istante, in un mondo in cui il tempo si è definitivamente fermato, a qualche minuto dalla mezzanotte, come in una famosissima foto, quella dell'*Orologio dell'Apocalisse*.

La narrativa di *science fiction* di quegli anni è ricca, d'altra parte, di piccoli capolavori che mettono in scena le conseguenze per il pianeta e per la vita quotidiana di una possibile catastrofe nucleare, l'esistenza di stenti, i pericoli, l'abbrutimento degli umani sopravvissuti. Ma propone anche, a volte, situazioni in cui il prolungamento dell'emergenza all'infinito è solo frutto di un inganno, o di un errore – umano, o macchinico. Come in *La penultima verità* di Philip K. Dick (2008), pubblicato nel 1964, in cui i sopravvissuti ad una guerra definitiva scatenata dalle macchine contro gli umani scoprono, solo per caso, che la guerra è finita da tempo, che la supeficie del pianeta è tornata abitabile, e che da tempo non c'era più bisogno di sopravvivere sotto terra, in squallidi bunker di cemento, fra razionamenti e sacrifici...

Tema che d'altra parte Dick aveva sfiorato l'anno prima nel bellissimo *I giorni di Perky Pat* (1996), in cui lo scrittore immagina una società postatomica, in cui l'umanità vive sottoterra, e ha come praticamente unico svago giocare con una bambolina, Perky Pat, appunto, condividendone a distanza le "avventure". L'elemento notevole, nel racconto, è l'idea di un gioco di ruolo in cui i giocatori comunicano a distanza, idea che Dick svilupperà trasformando il racconto nel romanzo *Le tre stimmate di Palmer Eldritch* (2003), uno dei suoi più visionari e allucinati, che pubblicherà nel 1965. Qui l'azione si sposta su Marte, nelle colonie fondate dagli umani, e il gioco che ha al centro Perky Pat funziona sulla base dell'assunzione di una droga empatica, che induce la condivisione di azioni e visioni anche a distanza. Un Web 0.0, insomma, potremmo dire, su base chimica piuttosto che digitale, in cui c'è un gioco che prefigura *I Sims* (Pecchinenda, 2003), ma siamo lì, su un crinale il cui orizzonte è una realtà simulata, mimetica a quella naturale, *fondata sui consumi, sulla promozione dei consumi*. Non a caso Dick dichiarò in un'intervista che l'idea di Perky Pat gli venne osservando la figlioletta giocare con una delle prime Barbie, una delle icone mitiche del gioco e dei consumi del XX secolo (cfr. AA.VV., 2015). Siamo ai basamenti della cultura della simulazione, ancora "analogica", per così dire, come tutti i giochi tradizionali, ma già proiettata verso il virtuale. Come pure alla rappresentazione, all'evocazione di una distorta logica ludica risponde la trama di un bellissimo racconto – un vero classico – del 1955, *Il tunnel sotto il mondo* (1979) di Frederik Pohl, in cui si narra di come "... una "banale" agenzia pubblicitaria (usi) i cittadini di Tylerton[3] come cavie per sperimentare le più tremende armi della persuasione commerciale. Finito il giorno, Burckhardt[4] va a dormire e la città di Tylerton viene resettata: il giorno dopo, è sempre il 15 giugno, per sempre. Durante la notte, gli analisti di marketing studiano l'effetto delle loro campagne pubblicitarie e aggiustano il tiro per il giorno dopo" (Paura, 2012). Ma non finisce qui: con raccapriccio, Burckardt si rende conto che "... ciascun essere umano, a Tylerton, non è altro che un robot, i cui circuiti riproducono fedelmente il cervello delle loro copie biologiche; poi lo shock di scoprire che la vera Tylerton in realtà è stata spazzata via da un'immane esplosione che ha ucciso tutti i suoi abitanti, e che le agenzie pubblicitarie l'hanno ricostruita alla bell'e meglio per poterla usare come coltura di laboratorio, dove sperimentare i loro nuovi ritrovati. E, infine, la più terribile delle rivelazioni: Tylerton in realtà è solo un plastico in miniatura costruito sul ripiano di un tavolo e non c'è modo di fuggire, perché il mondo reale enorme e indifferente, lì fuori, è definitivamente irraggiungibile" (Paura, 2012). La materializzazione delle ossessioni di Vance Packard, descritte

---

[3]Una cittadina immaginaria, n.d.a.
[4]Il protagonista del racconto, n.d.a.

nel 1957 nel suo *I persuasori occulti* (2015). Un plastico... una rappresentazione artificiale della realtà, miniaturizzata, sotto una campana di vetro, magari, in cui l'umano è completamente svanito. Il Soggetto moderno, l'individuo contemporaneo, non esiste più, come nei tunnel/bunker, veri e propri "abissi d'acciaio", per citare un altro grande dell'*Età d'oro* della fantascienza,[5] fotografati da Aniello Barone.

Secondo il fotografo napoletano questi bunker algidamente asettici, nello loro luminosità astratta, iperreale, vacua, si propongono come metafora delle identità contemporanee nella loro primitiva, assoluta natura: illuminate a giorno come questi rifugi antiatomici, dichiarano apertamente che il *Sé* non è altro che un *vuoto*, un luogo immaginario, un costrutto sociale – un concetto utile per ragionare sulle nostre vite, le nostre azioni, le nostre memorie.

Per Aniello Barone – e qui si può essere o meno d'accordo – la metafora che propongono i bunker delle foto è quasi letterale, nel senso che i nostri Sé, i nostri inconsci sono davvero svuotati, pieni solo di aggressività, paranoia, violenza, lo sfogo delle quali – e di cui avvertiamo gli spettri ancora presenti nelle foto – era alla base del concepimento e della costruzione dei bunker stessi. Saremmo *uomini senza narrazione del sé*, che hanno perso la capacità autoriflessiva e che sono altrettanto incapaci di empatia, di apertura verso l'*altro*.

Se immaginiamo i tunnel di *Default* ribaltati di novanta gradi verso l'alto, li percepiamo evocare uno dei più cupi e definitivi racconti di Samuel Beckett, *Lo spopolatore* (1972). in un cilindro senza aperture all'esterno, dotato solo di una botola sul

---

[5] Asimov, I., 1986.

soffitto, si agitano senza interruzione esseri larvali, ridotti al grado zero dell'esistenza, impegnati in una routine continua e il cui senso è oscuro,a parte gli sporadici e frustrati tentativi di raggiungere la botola sul soffitto per guadagnare una possibile uscita.

Una metafora radicale, ultima, dell'esistenza umana, probabilmente. Che però può far pensare a una sperimentazione, di base, per un possibile gioco di simulazione: gli esseri del cilindro, ridotti ad automi impegnati sempre nelle stesse pratiche negli stessi movimenti, sono lì in attesa di essere organizzati in un qualche gioco di ruolo, materia grezza per una simulazione della vita e dell'umanità. Privi di identità, sono interscambiabili, pronti a giocare una parte che gli viene attribuita dall'esterno... Magari quella di consumatori, di interpreti di un gioco che si sostituisce alla vita reale. Gusci vuoti, pronti a essere riempiti di informazioni che li trasformino in *avatar* di qualcuno all'esterno. Come in *Second Life*, il primo grande mondo sintetico (Caldieri, 2011) costruito nel Web, luogo – naturalmente – di consumi, di *loisir*, in cui sperimentare identità alternative, costruite sulla base delle proprie pulsioni, dei propri desideri.

O come, per arrivare all'oggi, nella serie tv *Westworld* (Nolan, Joy, 2016 –), l'universo artificiale popolato da androidi, in cui gli umani, pagando, possono entrare e fermarsi pe runa vacanza dalla vita quotidiana, sapendo che lì, a loro, "tutto è concesso", come recita il sottotitolo della serie.

Notevole che uno dei creatori di Westworld, discutendo con una delle sue creature, l'androide Bernard, gli dica, serenamente che "la coscienza non esiste", è un vuoto che riempiamo di esperienze che diventano ricordi, e quindi autonarrazioni di se stessi, per cui – è implicito – umani e androidi possono tranquillamente confondersi l'uno con l'altro.

Peccato che però la cosa valga fino a un certo punto: gli androidi, i "residenti", si muovono e agiscono sulla base di una sceneggiatura che ciclicamente si ripete, per far divertire gli umani, gli "ospiti", come se fossero dentro un film che realizza la vita "vera". La Tylerton del racconto di Pohl "esplosa" all'ennesimo esponente, resa a grandezza naturale, e in cui i robot si mescolano con gli umani...

Vero, il Sé, di per sé (!) non esiste: è un luogo vuoto, un utile *escamotage* architettato dagli studiosi di scienze sociali per dare un nome alla consapevolezza di se stessi, per immaginare una qualche collocazione al dialogo con se stessi in cui gli umani sono continuamente impegnati. Ma questo vuoto viene occupato incessantemente dalla percezione degli eventi che ci riguardano e delle sensazioni che producono in noi, e che finiscono per diventare ricordi, per formare la *nostra* narrazione di noi stessi, la nostra memoria, la nostra identità. Immaginare quest'ultima *vuota* significa immaginarci nel migliore dei casi come esseri che vivono in un eterno presente, fatto di fugaci attimi che svaniscono man mano che ne appaiono di nuovi, in una continua, ininterrotta successione... Come i "residenti" di *Westworld* o i piccoli robot del *Tunnel sotto il mondo*.

Sicuramente, rispetto alle identità solide, integrate, compatte cui ci aveva abituato la Modernità al suo apice, quella dei miti del progresso, della libertà, dell'affermazione di sé, in cui tutti guardavano in prospettiva al futuro e sentivano di poter programmare la propria vita, le cose sono cambiate: viviamo in tempi frammentati, "liquidi", fragili – e le nostre identità seguono la stessa direzione. Sono tempi di disorientamento, di disincanto, di perdita degli ancoraggi e delle certezze. E di paure, ansie, angosce senza nome, senza motivi riconoscibili. Tempi in cui la depressione è diventata la forma di disagio mentale più diffuso al mondo, come scrive Alain Ehrenberg in *La fatica di essere se stessi* (1999). Angosce cui dobbiamo dare senso – come sono da sempre abituati a fare gli umani. Così ritorniamo sulla paura più devastante e feroce, quella dell'annichilazione, dell'Apocalisse.

Forse il senso più vero da dare al termine "postumano" è qui, in questo vuoto di senso, in questa disincantata attesa della fine.

* Questo scritto è la rielaborazione di un lavoro precedente, pubblicato dall'autore con lo pseudonimo di Enrico Lupo, in "Lo sguardo di Tiresia", http://losguardoditiresia.blogspot.it/, a commento di una esposizione di foto del fotografo e sociologo Aniello Barone (2016).

Bibliografia

AA.VV., *Barbie. Il paese delle meraviglie*, in "Quaderni d'Altri Tempi" 58, 2015, http://www.quadernidaltritempi.eu/rivista/numero58/q58_sommario.html, 22/07/2022.

Asimov I, *Abissi d'acciaio*, Mondadori, Milano, 1986.

Baudrillard J., *Lo scambio simbolico e la morte*, Feltrinelli, Milano, 1976.

Baudrillard J., *L'illusione della fine*, Anabasi, Milano, 1993.

Beckett S., *Lo spopolatore*, Einaudi, Torino, 1972.

Benn G., *Doppia vita*, Garzanti, Milano, 1967.

Caldieri S., *Spazi sintetici. Verso una sociologia dei mondi digitali*, Liguori, Napoli, 2011.

Dick P.K., *I giorni di Perky Pat*, in *Le presenze invisibili Vol. III*, Mondadori, Milano, 1996.

Dick P.K., *Le tre stigmate di Palmer Eldritch*, Sellerio, Palermo, 2003.

Dick P.K., *La penultima verità*, Mondadori, Milano, 2008.

Ehrenberg A., *La fatica di essere se stessi,* Einaudi, Torino, 1999.

Packard V., *I persuasori occulti*, Einaudi, Torino, 2015.

Paura R., *Il tunnel sotto il mondo*, in "Quaderni d'Altri Tempi" n. 39, 2012, http://www.quadernidaltritempi.eu/rivista/numero39/index.html.

Pecchinenda G., *Videogiochi e cultura della simulazione. La nascita dell'«homo game»*, Laterza, Bari-Roma, 2003.

Pohl F., *Il tunnel sotto il mondo*; Mondadori, Milano, 1979.

Signori G., *Documentari del non-vero, la propaganda durante la guerra fredda*, "Quaderni d'Altri Tempi", 2003, http://www.quadernidaltritempi.eu/rivista/nu-mero12/03mappe/q12_giorgio_guerrafredda_01.htm.

Iconografia
Barone A., *Default*, Spazio NEA, Napoli, 2016.

Videografia
Westworld Dove tutto è concesso, di Jonathan Nolan e Lisa Joy (2016–).

Lorenzo Fattori

Macchine del progresso: dal treno alla rete, significati e contraddizioni

Uno dei più evidenti veicoli del progresso – oltre che uno dei processi sociali e tecnologici che maggiormente hanno caratterizzato gli ultimi centocinquant'anni – è stato l'aumento dalla potenza e della velocità della comunicazione.

Per John Durham Peters questa si è affermata come "uno dei concetti caratteristici del XX secolo" (2005: 13); con tale termine va intesa però un'area di significato ben più vasta di quella riferita a mezzi di comunicazione come ad esempio il telefono e Internet, ai quali comunemente ci si riferisce con questo lemma.

Innanzi tutto, come indicano studiosi illustri, i mezzi di trasporto ben si prestano a essere considerati allo stesso modo dei mezzi di comunicazione; tutti assieme, questi condividono la partecipazione a quel processo di sviluppo tecnologico e scientifico che, appunto, viene generalmente indicato come *il progresso*.

Infatti, un passaggio fondamentale per la nostra società è rintracciabile in ciò che Paul Virilio nel 1984, significativamente, definisce la "rivoluzione dei trasporti" (2005: 37), ovvero l'eccezionale aumento della velocità degli spostamenti dovuto all'industrializzazione dei mezzi di trasporto, esemplificato nella sua forma più chiara dalla diffusione in tutto il mondo della ferrovia e, in subordine, dalla navigazione a vapore.

Ritengo inoltre che tale momento sia l'unico passaggio che le scienze sociali possano validamente assumere come precedente utile alla comprensione dei mutamenti sociali dovuti all'attuale sviluppo delle comunicazioni digitali, ma su questo tornerò più avanti.

Della rivoluzione dei trasporti ha colto l'importanza è Alberto Abruzzese che, in *Lessico della comunicazione* (2003), sottolinea che

> La rivoluzione industriale non avrebbe potuto assicurare la libera circolazione delle merci teorizzata da Adam Smith se non fosse stata accompagnata da un'imponente rivoluzione dei trasporti (ivi: 514).

Anche Wolfgang Schivelbusch, autore di *Storia dei viaggi in ferrovia* (1988), nota che "La ferrovia, come qualsiasi altro mezzo di comunicazione, produce trasporto, mutamento spaziale" (ivi: 18); tale impostazione sembra essere condivisa da Abruzzese, che sottolinea che

> Prima del telegrafo *comunicare era sinonimo di trasportare*, dal momento che ogni trasmissione presupponeva lo spostamento fisico di un messaggero, sia esso un corriere o un piccione viaggiatore (2003: 515, corsivo nostro).

Quello colto da Abruzzese è un passaggio che merita di essere approfondito: utilizzando l'espressione *prima del telegrafo*, il sociologo romano sottolinea l'importanza di questa

invenzione, che sancisce per la prima volta la smaterializzazione della comunicazione. Marshall McLuhan, ne *Gli strumenti del comunicare* (1967), dedica al telegrafo un intero capitolo, nel quale precisa che

> Mentre tutte le tecnologie precedenti (salvo la parola)
> avevano infatti esteso parti del nostro corpo, si può dire
> che l'elettricità abbia esteriorizzato il sistema nervoso
> centrale, cervello compreso (ivi: 262).

Eppure, lo stesso McLuhan cita proprio la ferrovia tra gli
esempi di *media* che hanno modificato gli schemi dei comportamenti umani (ivi: 16). Bisogna pertanto ammettere che tra i
trasporti e le comunicazioni *immateriali* vi sia una consustan-
zialità tale da dover ritenere sia i primi che i secondi membri
della più generale famiglia dei mezzi di comunicazione. Virilio
è ancor più esplicito:

> ... in effetti, esistono due tipi di "mezzi di comunicazione
> di massa: l'audiovisivo (stampa, radio, TV, informatica,
> telefono...) e l'automobile (i mezzi di trasporto e sposta-
> mento terrestri, aerei, marittimi) (2005: 135).

Questo è un assunto di fondo, necessario per procedere a riflettere su alcune possibili analogie riscontrabili nei processi
sociali connessi prima allo sviluppo delle reti ferroviarie, e ora
a quello delle ICT.
La prima di esse riguarda proprio la fase di affermazione di
queste tecnologie; procedendo cronologicamente, va ricordato
che la costruzione delle principali reti ferroviarie ha come

modello prevalente quello della realizzazione a carattere privato, sostenuta però spesso da finanziamenti pubblici. Questo dualismo prosegue poi con la gestione: essa è stata lungamente mantenuta dai privati, come ad esempio in Inghilterra e negli Stati Uniti, le cui reti ferroviarie sono tuttora private; in Francia, fino al 1938 e anche nell'Italia postunitaria, dove

> ... le costruzioni ferroviarie vennero sovvenzionate dallo Stato ma lasciate al capitale privato anche straniero [...] I privati intervenivano tramite l'istituto giuridico della «concessione», con il quale alle compagnie ferroviarie erano appunto concesse la costruzione e la gestione di un servizio che rimaneva comunque pubblico, e che come tale era soggetto a restrizioni (Maggi, 2003: 113).

In realtà, il trasporto ferroviario è un servizio pubblico, concezione comunque riscontrabile anche negli altri paesi che avevano adottato il modello privatistico; a questo proposito basti citare il caso statunitense, prendendo ad esempio una delle maggiori compagnie del paese:

> nonostante alcune contraddizioni nella sua azione, la Southern Pacific identificava i suoi interessi d'impresa con il benessere pubblico e nell'area geografica in cui effettuava servizio promuoveva un insediamento più organizzato e efficiente, lo sviluppo economico e una gestione più saggia delle risorse (Orsi 2005: XIV).

L'analogia in essere è che anche la rete Internet vive un simile dualismo tra pubblico e privato: essa è inizialmente inventata per usi militari dal governo degli Stati Uniti; la diffusione delle ICT su scala mondiale è avvenuta ad opera di aziende private, ma sostenuta da ingenti investimenti pubblici, sia per quanto riguarda l'hardware (la posa delle antenne, dei cavi, la costruzione materiale dei terminali che permettono di connettersi, ma spesso con imponenti sussidi di capitale pubblico), sia, in alcuni casi, per i software. La coesistenza conflittuale tra pubblico e privato, per quanto riguarda il trasporto ferroviario, si è risolta spesso a favore della diretta gestione pubblica delle reti e dei servizi (come nel caso europeo del dopoguerra) o perlomeno del servizio dedicato ai viaggiatori (come nel caso statunitense, con la creazione della Amtrak, agenzia pubblica sostenuta dal governo).

Questo dualismo, peraltro, è entrato prepotentemente nell'agenda pubblica appena pochi anni fa, in seguito allo sviluppo del caso Cambridge Analytica: nel momento in cui si inizia a discutere di regolamentazione del web, è inevitabile che si discuta anche della creazione o del rafforzamento di *authorities* pubbliche. Allo stesso modo, la pandemia da Covid-19 ha contribuito a rivelare ulteriormente l'insostituibilità ormai conquistata dalla rete Internet in tutti i campi (industria, istruzione, pubblica amministrazione…)

Con ciò non è mia intenzione indicare come probabile questa strada per quanto riguarda Internet; è però innegabile che esista un conflitto, dai rilevanti risvolti etici, tra la natura dello spazio pubblico fornito da aziende private quali Google o Facebook, e la caratteristica, appunto, privata e capitalistica di queste imprese, orientate dunque al profitto più che alla fornitura di un pubblico servizio.

La seconda analogia che intendo proporre attiene alle connotazioni escatologiche di cui, nella nostra cultura, si è caricato lo sviluppo tecnologico: è il nucleo fondante dell'*idea di progresso*, ed è necessario aprirne la scatola nera, per vedere cosa c'è dentro.

Anche qui, parto dalla ferrovia, facendo nuovamente riferimento al periodo del suo sviluppo e della sua diffusione nel mondo. Se intesa come mezzo di comunicazione, essa manda un messaggio chiaro: se, come rimarca nuovamente Virilio, ogni mezzo di comunicazione "veicola un contenuto informatico specifico, un tipo di informazione legato alla sua stessa natura" (2005: 135), la ferrovia rappresenta, *comunica* appieno il processo di modernizzazione del mondo. *In primis*, con un ruolo soggettivo, con la sua fortissima interrelazione con la fabbrica e la metropoli, gli altri due elementi definenti della vita moderna; *in secundis*, con un ruolo oggettivo, con il manifesto iscrivere alcune opere all'interno dell'impresa di civilizzazione del mondo della quale l'uomo occidentale si è lungamente sentito investito.

Con l'espressione *ruolo soggettivo* qui intendo la ferrovia come soggetto agente la modernizzazione: per tutto l'Ottocento e la prima parte del Novecento, la macchina a vapore ha infatti rappresentato "uno degli emblemi della modernità e della razionalità che in essa si inscrive" (Bifulco 2007: 38); ritengo qui di poter utilizzare *macchina a vapore* quasi come sinonimo di *ferrovia*, se non altro perché fino al 1915, anno dell'inaugurazione della prima ferrovia a trazione elettrica su lunghe distanze, negli Stati Uniti, la trazione a vapore era l'unica forza motrice disponibile per il trasporto ferroviario. Christian Wolmar, con un'efficace sintesi, mette in luce il determinante effetto di diffusione svolto dalla nuova tecnologia dei trasporti sullo sviluppo industriale ed economico dovuto alla rivoluzione industriale:

> Senza lo sviluppo di un sistema di trasporti a basso costo come quello ferroviario, la crescita economica stimolata dalla Rivoluzione industriale sarebbe rimasta ben più a lungo in una situazione di stallo, oppure localizzata solo in determinate regioni (2011: 2).

Lo sviluppo della ferrovia è pertanto assolutamente interno al quadro dei processi legati all'industrializzazione delle attività umane:

> Alla fine del XIX secolo il motore a vapore che faceva funzionare le fabbriche e le fucine, che pompava nelle miniere e che spingeva le navi rappresentava l'epitome della trasformazione tecnologica (Hughes 2006: 44).

È proprio in questo periodo che l'idea di progresso si radica nella nostra società, e lo fa con una tale forza da dare un significato escatologico alla potenza delle macchine. A ciò faccio riferimento con l'espressione di *ruolo oggettivo*: intendo così indicare la ferrovia quando caricata di aspettative e attribuzioni di carattere sostanzialmente finalistico, intesa quindi come strumento della occidentalizzazione del mondo; tali attribuzioni, fatte dai contemporanei alla costruzione di alcune delle più rilevanti opere ferroviarie, ne determinavano e accompagnavano la realizzazione; nel caso esemplare della ferrovia transcontinentale degli Stati Uniti, essa infatti

> ... era sentita come le gesta di esplorazione e resistenza quali la conquista dell'Everest o il viaggio ai Poli, spesso intraprese semplicemente perché "è là". Il più coerente dei vari motivi per tale costruzione, ma pur sempre vago, era il concetto della conquista dell'Ovest (Wolmar 2012: 154).

Questo aspetto è più evidente nel contesto nordamericano, se non altro perché, mentre in Europa esistevano già reti di trasporto e comunicazione che, pur non avendo la stessa efficienza del trasporto su ferro, vantavano comunque una storia plurimillenaria, al contrario le ferrovie "degli Stati Uniti ebbero un ruolo molto più ambizioso, ovvero diffondere lo sviluppo e la «civiltà» attraverso lo sterminato continente" (Wolmar 2011: 101); questo compito della macchina a vapore, quello di condurre a termine "Lo scontro di civiltà tra l'uomo bianco, ancora portatore del fardello kiplinghiano, e il 'selvaggio' pellerossa" (Brancato, 2010: 140), è un fondamento di tutta la cultura occidentale perché rappresenta il conflitto insito al processo di industrializzazione. Nessun prodotto estetico supera, per la chiarezza con cui mette in scena questa trasformazione, *C'era una volta il West* (Leone, 1968), in cui "una locomotiva [...] si fa infine epitome del leit-motiv della conquista dell'Ovest selvaggio" (Scanarotti 1997: 140).
Le ferrovie, dunque, nel periodo del loro montante sviluppo,

sono imbevute di quella che Virilio chiama "ideologia del progresso attraverso lo sviluppo della velocità dei trasporti" (2005: 38), un punto cardine della visione del mondo del capitalismo moderno.

Queste attribuzioni di carattere escatologico non si interrompono con il passaggio alla post-modernità ma, semplicemente, muta il loro catalizzatore: riprendendo McLuhan, l'invenzione del telegrafo, prima tecnologia di comunicazione immateriale, segna l'inizio del "passaggio *dal mito della macchina al mito dell'informazione*" (Pecchinenda: 138, corsivo nel testo); in sostanza, lo sviluppo delle tecnologie dell'informazione si carica di una componente valoriale, politica, ideologica, e dunque, in una parola, teleologica. A tal riguardo, esplicito è Evgeny Morozov, che nel suo *L'ingenuità della rete* (2011) sottolinea con preoccupazione questo portato:

> La dottrina Google, la fiducia entusiasta nel potere liberatorio della tecnologia, esercita un fascino crescente su molti politici, ottimisti sul potenziale rivoluzionario di internet quanto lo erano gli imprenditori del settore alla fine degli anni Novanta (p. XIII).

Senza addentrarci ora nel discutere questo punto specifico, è utile ribadire che quanto qui accennato colloca nettamente i trasporti e i mezzi di comunicazione di massa all'interno di processi con forti affinità tra di loro. In particolare, conferire attribuzioni escatologiche prima ai trasporti e poi alle ICT può farci legittimamente ritenere che questi siano una parte centrale dell'immaginario collettivo delle loro epoche, e ne catalizzino i processi sociali.

La terza e ultima analogia riguarda il rapporto di queste tecnologie con il mutamento della percezione del tempo.

È bene qui ricordare la tensione storica verso una misurazione del tempo sempre più precisa, nella quale uno dei mutamenti più significativi fu introdotto, alla fine del XIX secolo, proprio a causa dello sviluppo delle ferrovie: la creazione dell'ora ufficiale mondiale, infatti, è dovuta principalmente al bisogno di coordinamento dei movimenti ferroviari. All'epoca, infatti, ogni città o regione aveva la sua ora locale, il che iniziò, inevitabilmente, a generare un crescente caos con l'aumento della rapidità dei trasporti. La necessità di coordinare le operazioni spinse le compagnie ferroviarie americane, il 18 novembre 1883 ad uniformare i loro orari di servizio; questa decisione fece da apripista alla Conferenza di Washington del 1884, nella quale fu stabilito come meridiano zero quello di Greenwich, fu determinata la lunghezza esatta del giorno, e il pianeta fu diviso in ventiquattro fusi orari separati da un'ora.

Non è casuale che l'orologio, così come a partire dal medioevo ha caratterizzato con la sua presenza la facciata dei grandi edifici pubblici, dai municipi ad alcune chiese, domini la facciata e l'atrio di ogni stazione, incarnandone alla perfezione l'intrinseca dualità, "per metà palazzo e per metà fabbrica" (Schivelbusch 1988: 186); l'orologio, vero signore "di quel luogo archetipico della modernità che è la fabbrica" (Bifulco 2007: 35), caratterizza la ferrovia come oggetto dal carattere industriale dove gli uomini, come i ferrovieri di cui parla Émile Zola ne *La bestia umana* (2013), sono "sottomessi a un'esistenza cronometrata dalle esigenze dell'orario" (ivi: 160).

Stephen Kern definisce la conferenza di Washington come "Lo sviluppo più significativo nella storia dell'uniforme tempo pubblico, dopo l'invenzione dell'orologio meccanico nel secolo quattordicesimo" (1988: 18). Questa asserzione sembra essere decisamente valida, in quanto il passaggio da una percezione del tempo come naturale, scandita dalla successione dei ritmi della natura (la successione delle stagioni, la semina, il raccolto...) che ha contraddistinto l'epoca medioevale ed, in parte, anche la modernità preindustriale, ad una percezione di tempo in astratto, misurato precisamente dall'orologio, è stato uno dei processi più importanti per la nascita dell'uomo moderno e della sua individualità; come spiega infatti Antonio Cavicchia Scalamonti, elaborando il pensiero dello storico russo Aaron Y. Gourevitch,

> ... tutti gli uomini ovunque, in tutte le epoche, in tutte le culture hanno un'esperienza che è loro propria del tempo e, anche se inconsciamente, una qualche concezione di esso. Il che vuol dire che l'orientamento verso il tempo ed il modo come esso viene appreso e vissuto è variabile secondo le epoche e le culture (2007: 59).

La percezione dello spazio e del tempo è alla base, per ogni individuo, di ciò che viene considerata la realtà, e dunque, riprendendo le argomentazioni di Peter Berger e Thomas Luckmann (1969), non possiamo che asserire che essa sia costruita socialmente.
Qui si inserisce l'effetto della velocizzazione dei trasporti: sembra quasi che il tempo possa variare se influenzato dalla

velocità, grazie all'effetto di compressione dello spazio; un mutamento sconvolgente per gli individui dei tempi che come mezzi di trasporto conoscevano solo la nave o il cavallo, e la cui percezione "improvvisamente viene messa a confronto con una tecnica dei trasporti completamente nuova rispetto a quella da cui è stata improntata" (Schivelbusch 1988: 39). Questo cortocircuito percettivo è ben restituito ne *La montagna magica* (2010) di Thomas Mann, del 1924. Il romanzo, ambientato negli anni precedenti all'insorgere della Prima guerra mondiale, racconta della permanenza del protagonista, Hans Castorp, in una casa di cura a Davos, sulle alte Alpi svizzere, dopo aver contratto la tubercolosi durante una visita a Joachim, un suo cugino là degente. Tra i due, poco dopo l'arrivo del protagonista, si svolge un dialogo sulla natura del tempo che, per la sua rilevanza, vale la pena riportare qui in forma (pressoché) completa:

Joachim disse: "Se gli si presta attenzione, il tempo scorre assai lentamente. La misurazione della temperatura, quattro volte al giorno, è una cosa che mi piace, perché allora ci si accorge che cosa sia veramente un minuto, o sette addirittura... mentre qui i sette giorni della settimana corrono via in un modo tremendo."

"Tu dici 'veramente'. Ma non puoi dire 'veramente' - obiettò Hans Castorp - Il tempo, in generale, non è tale 'veramente'. Se ti sembra lungo è lungo e se ti sembra breve è breve, ma quanto in realtà sia lungo o breve, nessuno lo sa."

Joachim lo contraddisse.

"E perché mai. Niente affatto. Possiamo misurarlo, il

tempo. Abbiamo orologi e calendari e quando è passato un mese, è passato per me, per te e per tutti quanti noi."

"E allora fa' attenzione - replicò Hans Castorp - Un minuto è lungo, dunque, quanto sembra a te che sia lungo quando ti provi la temperatura?"

"Un minuto è lungo... un minuto dura tanto quanto impiega la lancetta dei secondi a compiere il suo giro."

"Ma la lancetta impiega tempi diversissimi... per il nostro sentimento! E concretamente... intendo dire: in concreto - ripeté Hans Castorp - si tratta di un movimento, di un movimento nello spazio, giusto? Alt, aspetta! Noi misuriamo dunque il tempo con lo spazio. Ma è come se volessimo misurare lo spazio con il tempo... e questo lo fanno soltanto persone completamente ignare di scienza. Da Amburgo a Davos ci vogliono venti ore... già, con la ferrovia. Ma a piedi quanto ci vuole? E col pensiero? Nemmeno un secondo! […] Che cos'è dunque il tempo? - chiese Hans Castorp - Sai dirmelo? Lo spazio lo percepiamo con i nostri organi, la vista e il tatto. Bene. E qual è il nostro organo per il tempo? Sapresti indicarmelo? Vedi, ti sei bloccato. E come possiamo mai misurare un qualcosa di cui letteralmente non sappiamo dire nulla, non una sola qualità! Diciamo: il tempo scorre. Bene, lasciamo che scorra. Ma per poterlo misurare dovrebbe scorrere uniformemente, e dove sta scritto che lo fa? Per la nostra coscienza no di certo, e solo per mettere ordine noi supponiamo che ciò accada, le nostre unità di misura sono mere convenzioni..." (Mann 2010: 94-96, corsivi nel testo).

La percezione della compressione delle distanze è esplicitamente richiamata nel testo, che rende facilmente comprensibile l'effetto che può aver avuto, sulle persone dell'epoca, la rapidità dello sviluppo dei collegamenti ferroviari e la conseguente accelerazione degli spostamenti; "Annullamento di spazio e tempo: così suona il topos con il quale, all'inizio del XIX secolo, vengono descritti gli effetti della ferrovia" (Schivelbusch 1988: 36).

L'analogia che ritengo qui di aver individuato attiene proprio allo schiacciamento del tempo dovuto all'accelerazione degli stimoli che vengono ricevuti. Uno dei migliori esempi di quanto possa essere intenso lo spaesamento dell'essere umano dinnanzi a una tale velocizzazione è contenuto in un capitolo de *Il tempo e lo spazio* (1988) di Stephen Kern, significativamente denominato *Il carattere temporale della crisi del luglio 1914*; seppur senza addentrarci nella cronistoria della crisi diplomatica che diede inizio alla Prima guerra mondiale, per la quale rimando al testo citato, debbo qui riportare almeno due passaggi significativi: innanzitutto, che "Nell'estate del 1914, gli uomini al potere persero l'orientamento nel flusso febbrile, misurato da raffiche di telegrammi, conversazioni telefoniche, memorandum e comunicati stampa" (ivi: 331); e poi, che l'ambasciatore austriaco in Serbia, a colloquio con il Ministro degli esteri dello stato balcanico, il quale rimarcava al primo l'assenza da Belgrado di gran parte del governo in quei giorni, "controbatté che «nell'epoca delle ferrovie, del telegrafo e del telefono il ritorno dei ministri in un paese di queste dimensioni dovrebbe essere soltanto questione di poche ore»" (ivi: 335).

Kern, inoltre, evidenzia la breve durata dei termini concessi dall'ultimatum austriaco alla Serbia; anch'essi, probabilmente, erano tarati per un mondo che, grazie prima alle ferrovie e poi alla smaterializzazione delle comunicazioni, era già diventato più *veloce* di quello a cui le diplomazie erano state abituate, cosa che forse contribuì alla loro incapacità di fronteggiare la crescente spinta belligerante degli appartati militari.

Non è ovviamente mia intenzione qui inferire che i social network ci condurranno a una nuova guerra mondiale, bensì soltanto evidenziare che l'accelerazione delle comunicazioni ha iniziato a produrre effetti anche prima della diffusione della rete Internet e della telefonia mobile.

Il mutamento nelle forme di trasporto e comunicazione, così, si intreccia inestricabilmente con la forma di percezione sociale del tempo; se nelle società tradizionali esso era percepito come ciclico, il tempo del mondo industriale e moderno è spiccatamente lineare, procedente in direzione di una fine più o meno prossima della storia, in cui realizzare un *senso* della vicenda umana.

Lo sviluppo della ferrovia e poi dei mezzi di comunicazione, come ho cercato di mostrare, è inscindibilmente inserito in questo sentimento del tempo, del quale essi stessi sono protagonisti, rivelandosi straordinarie macchine per il progresso.

Con il non trascurabile corollario, però, che l'accelerazione sembra esser stata così violenta da superare l'umana possibilità di comprendere i mutamenti sociali.

In conclusione, queste analogie ci permettono forse di capire meglio cosa c'è nella scatola nera del progresso, nel fascino dell'istantaneità di Internet e della velocità dei mezzi di trasporto più all'avanguardia.

Sul dove ci stiano portando, però, gli interrogativi restano tutti ancora aperti.

Bibliografia

Abruzzese A., *Lessico della comunicazione*, Meltemi, Roma, 2003.

Berger P. e Luckmann T., *La realtà come costruzione sociale*, Il Mulino, Bologna, 1969.

Bifulco L, *I tempi della modernità*, Ipermedium, S. Maria C. V. (CE), 2007.

Brancato S., *La forma fluida del mondo*, Ipermedium, S. Maria C. V. (CE), 2010.

Cavicchia Scalamonti A., *La morte*, Ipermedium, S. Maria C. V. (CE). 2007.

Hughes T., *Il mondo a misura d'uomo*, Codice, Torino, 2006.

Kern S., *Il tempo e lo spazio*, Il Mulino, Bologna, 1988.

Leone S., *C'era una volta il West*, Paramount, 1969.

Maggi S., *Le ferrovie*, Il Mulino, Bologna, 2003.

Mann T., *La montagna magica*, Mondadori, Milano, 2010.

McLuhan M., *Gli strumenti del comunicare*, Il Saggiatore, Milano, 1967.

Morozov E., *L'ingenuità della rete*, Codice, Torino, 2011.

Orsi R., *Sunset Limited*, University of California, Berkeley-Los Angeles, 2005.

Peters J. D., *Parlare al vento. Storia dell'idea di comunicazione*, Meltemi, Roma, 2005.

Scanarotti R., *Treno e cinema percorsi paralleli*, Le Mani, Genova, 1997.

Schivelbusch W., *Storia dei viaggi in ferrovia*, Einaudi, Torino, 1988.

Virilio P., *L'orizzonte negativo*, Costa & Nolan, Milano, 2005.

Wolmar C., *Sangue ferro e oro*, EDT, Torino, 2011.

Wolmar C., *The Great Railroad Revolution*, PublicAffairs, Philadelphia, 2012.
Zola É., La bestia umana, Rizzoli, Milano, 2013.

Lorenzo Fattori

Niente futuro. Il capitalismo e la fine dell'idea di progresso

The ice age is coming, the sun is zooming in
Meltdown expected, the wheat is growin' thin
Engines stop running, but I have no fear
'Cause London is drowning and I, I live by the river
(The Clash, *London Calling*)

0. Introduzione

"Ci sembra più facile oggi immaginare la distruzione della Terra e della natura che il crollo del tardo capitalismo" (Jameson, 1994: xii): questa è probabilmente la più famosa riflessione di Frederic Jameson, e sembra forse ancor più attuale oggi di quando fu da lui coniata, ovvero appena pochi anni dopo il disfacimento dell'Unione Sovietica e del blocco orientale.

Se queste parole ci sembrano così valide è perché il capitalismo ha saputo reinventarsi e rafforzarsi nonostante (o forse, grazie a) la più grande crisi economica che si sia verificata dopo quella del 1929, la crisi del 2008 scatenata dall'insolvenza dei mutui *subprime*. Ma questo rafforzamento non sembra corrispondere a un rilancio della legittimità di questo sistema e dei significati che incorpora: al contrario, sono sempre più forti i segnali che il consenso generale attorno alla presunzione del sistema capitalistico di costruire un futuro migliore si sia incrinata in modo sorprendente per dimensioni e tanto più inatteso.

I segnali più forti di questa nuova tendenza vengono dall'agone politico, che in Gran Bretagna e negli Stati Uniti, negli anni passati, ha visto la ritrovata credibilità di proposte dichiaratesi *socialiste* (che per lo spettro politico dell'Europa continentale sembrano corrispondere, in realtà, più appropriatamente alle posizioni comunemente individuate nel campo socialdemocratico) e nel quasi contemporaneo rafforzamento di soggettività per indicare le quali è stata coniata l'etichetta di *sovranismi*. Il successo di prospettive politiche che, pur da direzioni differenti e con modalità divergenti, contestano (o almeno dichiarano di farlo) i principi su cui si è fondato il processo di globalizzazione sembra indicare la definitiva chiusura di quella fase storica contraddistinta dal binomio, che sembrava indissolubile, formato da economia capitalistica e democrazia liberale; è a questo binomio che fa riferimento Wolfgang Streeck con il concetto di "capitalismo democratico" (2018: 17), riconoscendo che questa configurazione si era rivelata capace di tenere insieme capitalismo e democrazia, seppur in una combinazione "fragile e instabile" (2018: 17).

Un protagonista della stagione durata dal crollo del blocco orientale alla grande crisi, come Massimo D'Alema, ha di recente scritto che questo ordine mondiale è entrato in crisi non tanto per fattori esterni, quanto a causa di una crisi di egemonia interna al mondo occidentale, dovuta sostanzialmente al fatto che dopo una stagione relativamente breve in cui è sembrato prevalere un liberalismo democratico, si è affermata l'idea di un mondo il cui governo è affidato al dominio della finanza e dei mercati (2019).

In realtà, la perdita di credibilità di questo sistema non è una dinamica completamente sorprendente: come Donatella della Porta ha recentemente sottolineato, già Karl Polanyi ne *La grande trasformazione* (1974), la cui prima pubblicazione è del 1944, aveva sottolineato che, nella dinamica del capitalismo è consueto che a una fase di liberalizzazione faccia seguito la nascita di contromovimenti che richiedono maggior protezione (2017: 46-7).

La condizione che si manifesta oggi, però, sta mostrando delle rilevanti peculiarità che, in estrema sintesi, possiamo provare a delineare in questo modo: nella fase attuale il trionfo del capitalismo sembra andare a braccetto con l'indebolimento della sua capacità di prefigurare una credibile realizzazione della sua promessa di senso che, con una brutale semplificazione, potremmo riconoscere in un maggior benessere per tutti. O meglio, utilizzando categorie afferenti al dominio dell'immaginario, le prospettive con cui il blocco occidentale aveva tendenzialmente ammantato la sua vittoria nella Guerra fredda sono oggi mutate in attribuzioni maggiormente distopiche.

L'ampiezza di spettro di queste riflessioni non deve però farci perdere il filo conduttore: non è infatti mia intenzione trattare in questa sede della crisi dei sistemi democratici e dell'ordine geopolitico fondato sulla supremazia dell'Occidente, pur essendo questi temi strettamente correlati con quanto intendo affrontare (come è peraltro ben messo in luce in *Demopatìa* di Luigi Di Gregorio, del 2019). È mia convinzione, invece, che per addivenire a una maggiore comprensione dell'attuale fase storica sia necessario rivisitare i legami tra il capitalismo, la crisi delle grandi narrazioni e l'orientamento temporale della nostra società, in quanto la capacità di proporre un nuovo orizzonte di senso è stato un elemento fondamentale del successo del capitalismo stesso.

Il capitalismo non è infatti unicamente un sistema di allocazione delle risorse: è anche un sistema di attribuzione dei significati chiave dell'ordine sociale, a partire dall'attribuzione valoriale che pone sullo sviluppo economico e tecnologico e scientifico. Questo è ancor più vero nel caso del capitalismo neoliberista, vera e propria ideologia che, al centro dei propri fondamenti, pone come fulcro dell'azione umana il perseguimento strettamente individuale dell'interesse egoistico da parte di ognuno (Mason, 2016: 12), e postula che i mercati, se lasciati liberi da ogni controllo organizzato, per loro natura siano in grado di rendere giustizia ai meriti e demeriti di ciascuno (Boarelli, 2019).

È l'idea di progresso a costituire lo scheletro valoriale di questa peculiare configurazione socio-culturale; è la stessa idea di progresso, però, che nella fase contemporanea si rivela in profonda crisi, anche per effetto del suo stesso successo.

Nelle prossime pagine rifletterò attorno a queste connessioni.

1. Dall'escatologia alla scomparsa del senso

Ogni sistema sociale per reggersi necessita di costituirsi come *nomos*, ossia come sistema di significati condivisi (Berger, 1984: 31-6); questo ruolo, nel corso della storia dell'umanità, è stato svolto dalle "cosiddette *Grandi Narrazioni* di carattere mitico religioso o anche filosofico-ideologico" (Pecchinenda, 2009: 23, corsivo nel testo).

Queste strutture ordinatrici presentano ampia variabilità al proprio interno: ma che siano culti minori, grandi religioni monoteiste, filosofie o concezioni politiche, possono essere considerate tra i più grandi sforzi immaginativi compiuti dall'umanità, e dunque un luogo privilegiato d'indagine per la sociologia; proverò ora a tracciare una sintetica mappa di come alcune di queste strutture entrino in relazione con il sistema economico capitalistico.

Il nucleo motore dell'ordine sociale in cui tutt'oggi esistiamo, fondato sul capitalismo, è l'idea di progresso. Questa si può descrivere come "l'illusione moderna che la storia costituisca uno sviluppo progressivo, che risolve il problema del male e del dolore con la sua graduale eliminazione" (Löwith, 2010: 24).

Ed essa è ciò che resta al termine di un lungo e articolato processo di distillazione verificatosi attraverso le epoche. Tale processo ha inizio con il primo mutamento nella concezione del tempo, da ciclico a lineare; questo è, com'è noto, il fondamento dell'escatologia ebraica. Il tempo diventa così teleologico: per le civiltà che così lo concepiscono, significa essere su un percorso che porta non soltanto *alla* fine, ma soprattutto *al* fine che, nel caso di narrazioni sacre, è la *salvezza*.

I principali snodi del processo che porta dall'escatologia biblica all'idea di progresso sono rintracciabili in due successive riflessioni filosofiche. La prima è l'Illuminismo, che valorizza la capacità creatrice dell'essere umano e permette all'idea che l'azione umana possa migliorare il mondo di radicarsi a fondo (Hirschman, 2013: 124); la seconda è la riflessione hegeliana, che ha reso immanente il futuro, il quale, al contrario, nella concezione religiosa precedente restava trascendente: un chiaro esempio di cosa sia il processo di secolarizzazione.[6]

Nonostante dunque tale trasposizione, questo legame ci indica che la concezione "in cui c'è una naturale tendenza all'evoluzione, in cui la Storia è vista come motore infallibile di perfettibilità dell'uomo" (Cavicchia Scalamonti, 2007: 93) risiede in uno degli elementi costitutivi della cultura occidentale.

Secondo Peter Berger, la forza trainante del processo di secolarizzazione non è altro che "il moderno processo economico, vale a dire la dinamica del capitalismo industriale" (1984: 122); ciò non può sorprenderci, dato che a partire dal classico lavoro di Max Weber, *L'etica protestante e lo spirito del capitalismo* (1965), la sociologia ha maturato la consapevolezza di una profonda connessione tra la dimensione religiosa e quella economica, assieme al ruolo che ha quest'ultima nel processo di razionalizzazione. Non a caso, più recentemente, Anthony Giddens ha notato che nel lavoro di Weber e di un altro dei padri della sociologia, Karl Marx, il sistema capitalistico emerge come "un mondo in cui la religione viene sostituita da

---

[6] Anche se non è l'oggetto del presente lavoro, è doveroso ricordare che anche il Marxismo, la prospettiva analitico-politica che più di tutte si è posta in termini critici nei confronti del capitalismo, presenta questa stessa ascendenza intellettuale.

un'organizzazione sociale nel quale la razionalità tecnologica regna sovrana" (1975; 348-9).

Se dunque nell'antichità la funzione *nomizzante* era svolta prevalentemente da narrazioni a carattere religioso, nella modernità, nel mondo occidentale, è stato il turno di quelle filosofico-ideologiche; è così che l'idea di progresso incorpora, come ha scritto Hartmut Rosa occupandosi dei processi di accelerazione sociale (a loro volta strettamente connessi ai mutamenti economico-produttivi), la "promessa eudaimonistica", per cui "l'accelerazione del «ritmo di vita» sia la nostra risposta al problema della finitezza e della morte" (2015: 28).

Lo sviluppo del capitalismo si lega alla perfezione a questo trasferimento grazie al suo orientamento al futuro. Infatti, come indica David Harvey,

> Il capitalismo è necessariamente dinamico dal punto di vista tecnologico e organizzativo. Ciò è in parte dovuto al fatto che le leggi della concorrenza spingono i capitalisti tesi alla ricerca del profitto a innovare continuamente (2002: 222).

In questa concezione, lo sviluppo tecnologico stesso si carica di un significato finalistico; a questo proposito valga quanto riportato da David Nye, che ricorda come la costruzione della ferrovia transcontinentale americana fosse percepita come l'affermazione della civiltà in quelle terre (2003: 160), ma tante altre intraprese, soprattutto di epoca ottocentesca, potrebbero fungere da esempio in modo altrettanto significativo.

In realtà, rispetto alla sua forza nella società ottocentesca, l'idea di progresso che noi abbiamo ereditato al termine del *secolo breve* è ben più fragile; la sua capacità di incarnare la promessa eudaimonistica citata da Rosa è stata profondamente indebolita dagli orrori delle due guerre mondiali e dalla persistente minaccia della distruzione nucleare nella Guerra fredda, tutti elementi figli della razionalità tecnico-scientifica che proprio con il progresso condividono lo stesso statuto di valore. E mentre, come ricorda Antonio Cavicchia Scalamonti, ne possiamo trovare i residui in una fascinazione verso il nuovo ancora presente in ambito politico o pubblicitario (2007: 96), la nostra società sembra invece aver perduto la capacità di proiettare nel futuro i propri significati, capacità che, come emerge da questa pur sintetica trattazione, l'aveva storicamente caratterizzata: "Se l'orientamento verso il futuro in qualche modo riesce a sopravvivere, questo futuro è però vuoto, come se l'umanità non fosse più in grado di riempirlo di contenuti" (2007: 98).

Siamo ora nell'epoca del "presentismo": esso "fa dello spazio sociale uno spazio di instabilità crescente, privo di orizzonti di senso legittimo, in cui nessun progetto collettivo può essere condiviso" (2007: 99).

2. No future

Viviamo dunque in un'epoca e in una società in cui, come ha scritto Zygmunt Bauman, "l'«epidemia globale di nostalgia» ha raccolto il testimone della precedente «epidemia della smania per il progresso»" (2017a: XIV); l'esistenza è schiacciata nel presente e il futuro viene percepito come malevolo: esso "è associato per noi a un'idea di «sempre peggio», o quanto meno di «sempre uguale»" (2017a: 128).

È questa una delle variabili scatenanti l'insorgere di quelle che lui definisce *retrotopie*; Bauman, in un altro suo scritto in cui ribadisce con altre parole questo concetto, inizia la frase con un dubbio rivelatore: "Se crediamo nel progresso (il che non è affatto scontato) [...]" (2017b: 32), dando conto del legame tra indebolimento di questa narrazione e la fase in cui ci troviamo oggi.

La scomparsa del futuro inteso con accezione positiva, il crollo delle grandi narrazioni, l'infrangersi della speranza in un progresso, non solo economico ma anche sociale, continuo e inarrestabile e le caratteristiche peculiari del tardo capitalismo sono dunque connessi in modo inestricabile: ad aver condotto alla situazione attuale sono infatti, al termine di una tendenza che si dipana lungo tutta la storia della cultura occidentale, i meccanismi di funzionamento del sistema produttivo contemporaneo e i suoi stessi prodotti. Tra questi hanno un effetto particolarmente incisivo l'accelerazione – divenuta ormai istantaneità – delle comunicazioni, la "economia politica dell'incertezza" (Bauman, 2008: 174) e la dimensione esistenziale della precarietà che Luciano Gallino, tra gli altri che si sono occupati di questi temi, già prima della crisi del 2008 aveva individuato come elemento cardine nella trasformazione del sistema produttivo (2007: 75 e segg.). Tutte queste trasformazioni sono contemporaneamente effetto e causa di una sempre più massiccia accelerazione dei processi tecnologici e sociali che inevitabilmente si accompagna a un grande disorientamento collettivo.

D'altronde è necessario ribadire che il mutamento dei "regimi di accumulazione" (Harvey, 2002: 151) non modifica il ruolo del mercato come luogo di veridizione (Foucault, 2004: 37 e segg.) privilegiato per la nostra società, ruolo acquisito agli albori della società mercantile e da allora fermamente mantenuto; ovvero, nonostante cambi la superficie del capitalismo, il mercato capitalistico resta la variabile indipendente che comanda sulla dimensione giurisdizionale, politica e sociale. Ciò resta vero nonostante la crisi economica del 2008, con i suoi gravosi effetti successivi (dai quali è inseparabile la crisi dei debiti sovrani del 2011), abbia tolto, in Europa ma non solo, tanta della residua credibilità nella giustezza del sistema capitalistico-liberale; e proprio quella crisi è sembrata dare ragione alle profetiche parole d'inizio Novecento di Walter Benjamin, secondo cui "Il capitalismo è presumibilmente il primo caso di un culto che non espia il peccato, ma crea colpa/debito"[7] (2013: 43).

Se insisto su questo passaggio è perché ritengo che quella stagione abbia avuto un ruolo fondamentale nel disvelamento degli aspetti più deteriori della configurazione capitalistica tardo moderna; ciò si riflette, peraltro, nell'aver dato il colpo decisivo a quell'orientamento al futuro di cui ho trattato nel paragrafo precedente. Allo stesso modo, ha trovato ulteriore conferma quest'intuizione contenuta ne *La società del rischio* di Ulrich Beck, scritta nei tardi anni Ottanta del secolo scorso, in cui il sociologo tedesco già dava ragione della connessione tra il senso di impotenza di fronte ai rovesci della propria condizione

---

[7] Com'è noto a chi ha dimestichezza con la lingua in cui scriveva Benjamin, in tedesco la stessa parola, "Schuld", esprime sia il concetto di colpa, sia quello di debito.

e l'indebolimento delle promesse escatologiche:

> L'esperienza di questa esposizione al rischio *senza spazi di decisione* rende comprensibile gran parte dello *shock*, della rabbia impotente e del senso di perdita di un orizzonte futuro (2000: 54, corsivi nel testo).

L'epidemia globale causata dal Covid-19, che ha evidenziato le drammatiche disparità del nostro mondo, sembra aver ulteriormente rafforzato questa dinamica, confermando le difficoltà del sistema capitalistico nel governare un mondo in crisi.

Oggi stiamo dunque avendo esperienza di un capitalismo e di un progresso senza fiducia nel futuro, il che comporta alcune peculiari conseguenze.

Ciò che sembra essere cambiato rispetto alla fase storica immediatamente precedente a quella che stiamo vivendo è che il capitalismo contemporaneo, per usare nuovamente le parole di Harvey, "sta chiaramente languendo non solo dal punto di vista economico ma anche culturale e spirituale" (2018: 17). Invertitasi l'accezione tendenzialmente positiva della globalizzazione, si è riaperto uno spazio, ancorché ridotto, di critica nei confronti del sistema economico-sociale attualmente egemonico; ma nonostante questo sia ora pienamente individuato quale la configurazione assunta dal capitalismo nella presente fase storica, la critica fatica a sua volta a individuare prospettive future.

La condizione contemporanea è stata efficacemente descritta da Mark Fisher in *Realismo capitalista* (2018) con queste parole:

Il capitalismo è quel che resta quando ogni ideale è collassato allo stato di elaborazione simbolica o rituale: il risultato è un consumatore-spettatore che arranca tra ruderi e rovine (31).

La stagione in cui scriveva Fisher era ancora, in realtà, quella del capitalismo che "semplicemente occupa tutto l'orizzonte del pensabile" (2018: 37), rappresentata dal famigerato slogan *There is no Alternative*. Ciò che sta avvenendo invece nella contemporaneità è che prima le avvisaglie di un'incipiente crisi ambientale e poi l'inattesa esplosione della pandemia iniziata nel 2019 hanno messo a nudo la difficoltà per i regimi capitalistici nel rispondere in modo efficace a un contesto in mutamento. Per una parte crescente della società, infatti, le parole d'ordine produttiviste e della stabilità finanziaria sono ora suscettibili di passare in secondo piano rispetto all'urgenza di ridurre i rischi ambientali o sanitari.
Sarebbe però prematuro e poco prudente assumere questi segnali come indicatori di una probabile sparizione del capitalismo; ancora Fisher ha infatti adeguatamente sottolineato che il capitalismo mantiene una straordinaria capacità di adattamento, e così come si è reso neoliberista, tanto potrebbe rendersi nuovamente socialdemocratico o convertirsi alla convivenza con l'autoritarismo politico qualora il contesto lo rendesse necessario per la sua stessa sopravvivenza (2018: 148).

3. Conclusioni: quale progresso?

Con profondo intuito, Paul Mason ha indicato nel prossimo futuro una "battaglia *narrativa* che ci aspetta" (2017: 125). E ancor più esplicito è stato Serge Latouche che, in un articolo in cui sintetizza il concetto di decrescita da lui proposto, ha descritto quest'ultimo come "l'abbandono di una fede e di una religione: la religione del progresso, la fede nello sviluppo", abbandono che richiede una "decolonizzazione dell'immaginario" (2018: 34-5). Tra i concetti controegemonici o, per meglio dire, contronarrativi messi a punto in questi anni, la decrescita è uno dei più noti ma, essendo anche quello emerso da più tempo, gode già di trattazioni più approfondite di quanto sarebbe possibile fare in questo spazio, a partire da quelle di Latouche stesso, alle quali sentiamo sia più opportuno rimandare. Ciò che mi sembra emergere da queste parole è che l'immaginario stesso inizi a (ri)diventare luogo di conflitto. A questo proposito, negli ultimi anni sono emerse svariate proposte intellettuali, tra le quali una delle più provocatorie è l'accelerazionismo; in questa prospettiva, il cui testo di riferimento è *Inventare il futuro* (Srnicek, Williams, 2018), assieme alla consapevolezza che uno dei principali campi di battaglia è proprio quello simbolico, emerge con forza l'influenza dell'immaginario fantascientifico: il sogno di un mondo futuro in cui il lavoro è demandato alla piena automazione delle macchine e gli esseri umani si dedicano al godimento del benessere da queste prodotto non può non ricordare, tra le tante opere, perlomeno il *Conflitto evitabile* (2003) di Isaac Asimov. Il rischio di questa proposta, così come del *Postcapitalismo* che dà il titolo a un testo del già menzionato Mason (2016), è semmai quello di sconfinare in un troppo ottimistico tecnoentusiasmo.

Non può però non destare la nostra attenzione il tentativo di riafferrare l'idea di progresso, riconducendola a un significato emancipatorio, che c'è in questi tentativi.

Speculare all'accelerazionismo è invece la collassosofia: una prospettiva che, come ci ricorda Roberto Paura in un articolo del 2020, postula anch'essa una prossima catastrofe innescata da una crisi totale del capitalismo, ma ipotizzandone un esito non tecnologico-palingenetico, bensì di rinaturalizzazione del mondo. Mi limito a pochi cenni su queste avanguardie perché, com'è evidente, sarebbe impossibile essere esauriente in questa sede, se non altro perché le riflessioni sono in piena e aperta evoluzione; ma ritengo comunque necessario dare cenno della loro esistenza, visto l'esplicito tentativo che fanno di porsi in controtendenza con l'immaginario neoliberista.

Mi concedo infine di tornare, seppur brevemente, sulle due differenti prospettive politiche che ho menzionato all'inizio di questo lavoro: sovranismi e nuovi socialismi; senza voler in alcun modo dare giudizi politici in questa sede, ritengo opportuno provare almeno a sintetizzarne i tratti alla luce del discorso che ho qui portato avanti.

Per quanto riguarda i sovranismi, è abbastanza evidente che presentino caratteri maggiormente retrotopici; piuttosto che far emergere una tensione al futuro, queste prospettive politiche tendono a rifarsi a un passato glorioso (che sia realmente esistito o no, poco cambia) da ricreare. Sarebbe invece superficiale individuare un'identica tensione al passato nelle piattaforme programmatiche che hanno contraddistinto le campagne, ad esempio, di un Jeremy Corbyn o di un Bernie Sanders:

in esse, al contrario, la ricerca di soluzioni che permettano un reale equilibrio tra un benessere diffuso e la necessità di arrestare urgentemente i processi di distruzione ecologica (al netto di valutazioni sulla loro concreta fattibilità, che non mi competono) rivela perlomeno il tentativo di creare un orizzonte futuro per le proprie proposte politiche.

In conclusione, resta aperto un dubbio: nel giro di pochi anni si sono susseguite una grande crisi economica con una grande recessione, una grande regressione politica, una grande epidemia, una guerra in Europa con annessa crisi energetica; eppure, pur prendendo i colpi che ho menzionato sul piano della sua credibilità sistemica, il capitalismo non è crollato, ma si è adattato. E per noi, anche davanti all'ipotesi sempre più inquietante di una futura grande crisi ecologica, ancora resta difficile immaginare un mondo senza capitalismo: ci troviamo nella situazione in cui, nonostante viviamo tutti lungo il fiume, nessuno sembra in grado di scongiurare l'inondazione. Non si può escludere che avesse ragione Jameson, il quale, alla frase da noi citata in apertura, rispondeva con la seguente considerazione: "Forse ciò è dovuto a qualche debolezza della nostra immaginazione" (1994: xii).

Bibliografia

Asimov I. (2003), Conflitto evitabile, in *Io, Robot*, Milano, Mondadori.

Bauman Z. (2008), *La solitudine del cittadino globale*, Milano, Feltrinelli.

Bauman Z. (2017a), *Retrotopia*, Bari-Roma, Laterza.

Bauman Z. (2017b), Sintomi alla ricerca di un oggetto e di un nome, in AA.VV., *La grande regressione. Quindici intellettuali da tutto il mondo spiegano la crisi del nostro tempo*, pp. 31-44, Milano, Feltrinelli.

Benjamin W. (2013), *Capitalismo come religione*, Genova, Il nuovo melangolo.

Beck U. (2000), *La società del rischio. Verso una seconda modernità*, Roma, Carocci.

Berger P. (1984), *La sacra volta. Elementi per una teoria sociologica della religione*, Milano, SugarCo.

Boarelli M. (2019), *Contro l'ideologia del merito*, Bari-Roma, Laterza.

Cavicchia Scalamonti A. (2007), *La morte. Quattro variazioni sul tema*, S.ta Maria C. V. (CE), Ipermedium.

D'Alema M. (2019), Alla ricerca di un nuovo ordine globale, *ItalianiEuropei* 6/2019, consultato il 30 marzo 2020 a https://www.italianieuropei.it/it/italianieuropei-6-2019/item/4256-alla-ricerca-di-un-nuovo-ordine-globale.html.

Della Porta D. (2017), Politica progressista e regressiva nel tardo neoliberismo, in AA.VV., *La grande regressione. Quindici intellettuali da tutto il mondo spiegano la crisi del nostro tempo*, pp. 45-59, Milano, Feltrinelli.

Di Gregorio L. (2019), *Demopatìa. Sintomi, diagnosi e terapie *del malessere democratico*, Soveria Mannelli, Rubbettino.

Fisher M. (2018), *Realismo capitalista*, Roma, Nero.

Foucault M. (2004), *Nascita della biopolitica. Corso al Collège de France (1978-1979)*, Milano, Feltrinelli.

Gallino L. (2007), *Il lavoro non è una merce. Contro la flessibilità*, Roma-Bari, Laterza.

Giddens A. (1975), *Capitalismo e teoria sociale., Marx, Durkheim e Max Weber*, Milano, Il Saggiatore.

Harvey D. (2002), *La crisi della modernità. Riflessioni sull'origine del presente*, Milano, Il Saggiatore.

Harvey D. (2018), *Geografia del dominio. Capitalismo e produzione dello spazio*, Verona, Ombre corte.

Hirschman A. (2013), *Felicità privata e felicità pubblica*, Bologna, il Mulino.

Jameson F. (1994), *The Seeds of Time*, New York, Columbia University Press.

Latouche S. (2018), Decrescita, in AA.VV., *La sinistra che verrà. Le parole chiave per cambiare*, pp. 34-43, Roma, Minimum fax.

Löwith K. (2010), *Significato e fine della storia. I presupposti teologici della filosofia della storia*, Milano, Il Saggiatore.

Mason P. (2016), *Postcapitalismo*, Milano, Il Saggiatore.

Mason P. (2017), Superare la paura della libertà, in AA.VV., *La grande regressione. Quindici intellettuali da tutto il mondo spiegano la crisi del nostro tempo*, pp. 115-132, Milano, Feltrinelli.

Nye D. E. (2003), *America as Second Creation. Technology and Narratives of New Beginnings*, Cambridge Massachussets – Londra, The MIT Press.

Paura R. (2020), Collassare o accelerare? La posta in gioco è il futuro, in *Quaderni d'altri tempi*, consultato il 30 marzo 2020 a http://www.quadernidaltritempi.eu/accelerazionismo-collas-sosofia-nuovo-teorie-futuro/

Pecchinenda G. (2009), *La narrazione della società. Appunti introduttivi alla sociologia dei processi culturali e comunicativi*, S.ta Maria C. V. (CE), Ipermedium.

Polanyi K. (1974), *La grande trasformazione. Le origini economiche e politiche della nostra epoca*, Torino, Einaudi.

Rosa H. (2015), *Accelerazione e alienazione. Per una teoria critica del tempo nella tarda modernità*, Torino, Einaudi.

Srnicek N. e Williams A. (2018), *Inventare il futuro. Per un mondo senza lavoro*, Roma, Nero.

Streeck W. (2018), Capitalismo, in AA.VV., *La sinistra che verrà. Le parole chiave per cambiare*, pp. 17-23, Roma, Minimum fax.

Weber M. (1965), L'etica protestante e lo spirito del capitalismo, Firenze, Sansoni.

Lorenzo Fattori

Il progresso in crisi: reincanto del mondo e climate change *visti attraverso le opere di Roland Emmerich*

0. Introduzione

La nostra società – quella post-moderna – è contraddistinta, come ho scritto altrove in questo stesso volume, dalla crisi delle grandi narrazioni, dal *presentismo* (Pecchinenda 2009) e dallo sguardo rivolto al passato anziché al futuro (2017). Nel complesso, se volessimo rappresentare come un pendolo il processo di secolarizzazione, "tramite cui alcuni settori della società e della cultura vengono sottratti al dominio delle istituzioni e dei simboli religiosi" (Berger 1984: 119), potremmo dire che sembra aver raggiunto la sua massima oscillazione possibile, tanto che alcuni studiosi hanno teorizzato un possibile *reincanto* del mondo (Bruckner 2001; Pecchinenda 2008).

Si tratta di una questione che va al fondo della nostra cultura che, sin dalle sue origini, nelle teorizzazioni di Platone e Aristotele, ha nel suo nucleo un profondo conflitto tra razionalismo e misticismo. E se gli architravi della modernità, ossia la razionalizzazione e l'orientamento al progresso, sono in crisi, è impossibile non trovarne traccia nelle rappresentazioni narrative con cui ogni società racconta se stessa.

La nostra società porta avanti questo raccontarsi principalmente con due strumenti: uno è costituito dalle conoscenze scientifiche, in particolar modo quelle umanistico-sociali, e

111

l'altro da mezzi estetici come la letteratura e il cinema; quest'ultimo, che è il campo d'indagine principale di questo lavoro, è stato indicato da Alberto Abruzzese e Davide Borrelli come "l'immagine, la teoria appunto, con cui la società del primo Novecento si autorappresentava" (Abruzzese, Borrelli 2000: 126-127). Il cinema "sembra poter incarnare un terreno privilegiato per la rappresentazione di un immaginario condiviso e del dibattito che in una società emerge tra le forme di interpretazione del mondo" (Bifulco 2007: 10), il che lo rende ulteriormente rilevante in relazione alle scienze sociali perché "sociologia e cinema sono espressioni delle medesime dinamiche storico-sociali e, per molti versi, risultano tra loro reciprocamente funzionali, riflettendosi l'una nell'altro. Potremmo dire che queste due distinte modalità *narrative* del mondo, in apparenza così diverse tra loro, siano espressione dello stesso tempo e che anzi ne interpretino in maniera analoga lo spirito" (Brancato 2010: 17, corsivo nel testo). E ancora: "Possiamo guardare al cinema, infatti, come un formidabile osservatorio sociologico, ma anche come a un repertorio e a un laboratorio cruciali per la sociologia. [...] Il modo, infatti, in cui un film mostra un periodo o una situazione «altra» ci può fornire indicazioni sulla *visione del mondo*, sull'immaginario di un regista, di una società rispetto ad un certo periodo storico o ad una certa formazione sociale, diversi da quella a cui appartiene il film" (Fattori A. 2006: 15, corsivo nel testo).

Nonostante l'importanza del *medium* cinematografico, le scienze sociali italiane si sono interrogate poco sul grande successo di pubblico avuto negli ultimi anni dai *blockbusters* catastrofici; con questa espressione qui intendiamo, sulla scorta di quanto elaborato da Enrico Quarantelli, un film che abbia una rilevante presenza di scene o riprese dedicate all'avvenimento di un disastro (2009: 33).

Tra i film catastrofici di maggior successo dell'ultimo ventennio, quelli diretti da Roland Emmerich presentano una narrazione comune riferita alla capacità della scienza moderna e dei detentori del sapere scientifico di salvare l'umanità, o almeno una parte di essa, in condizioni drammatiche.

Ritengo che le opere cinematografiche di Emmerich risentano profondamente e mostrino la forza del perdurante conflitto tra concezione scientifica e concezioni metafisiche come forze legittimanti della nostra società; in questo lavoro ne prenderò in esame alcuni, che possono essere considerati come manifestazioni utili a indagare lo stato attuale di questo conflitto.

Le scelte metodologiche di questo lavoro sono dunque insite nella rilevanza riconosciuta al cinema come strumento di lettura della società: con un simile *focus*, è inevitabile utilizzare un approccio fenomenologico, ovvero "... un metodo per l'analisi dei processi attraverso i quali si costituisce la struttura del *senso comune,* del mondo *dato per scontato* nell'atteggiamento comune degli esseri umani" (Pecchinenda 2009: 26 corsivo nel testo).

La nostra sarà, dunque, un'analisi che parte dai fenomeni, i quali spesso forniscono informazioni altrimenti irreperibili su ciò che sta succedendo all'interno di una società, o meglio, usando le parole di Peter Berger, "i grandi scrittori possono non essere bravi nell'offrire teorie e spiegazioni, ma, se non altro, sanno *vedere.*" (Berger 1992: 6). Con queste parole il sociologo viennese sembra riprendere un concetto già espresso da Jerome Bruner, che scriveva che "Il pensiero narrativo si occupa delle intenzioni e delle azioni proprie dell'uomo o a lui affini, nonché delle vicissitudini e dei risultati che ne contrassegnano il corso. Il suo intento è quello di calare i propri prodigi atemporali entro le particolarità dell'esperienza e di situare l'esperienza nel tempo e nello spazio" (cit. in Pecchinenda 2013: 214), e ribadito da Zygmunt Bauman in una intervista di qualche anno fa:

> Personalmente, ho appreso molto più circa i *Lebenswelten* umani da Calvino, Kafka, Borges, Musil o Perec (solo per citarne alcuni) che da centinaia di studi di numerosi e rispettabili sociologi. Non essendo come noi, sociologi, costretti alle regole del mondo accademico e alle pratiche vincolanti attuali, gli artisti della penna o del pennello sono nella posizione migliore per osservare, individuare ed annunciare qualcosa di nuovo e senza precedenti nella percezione umana del mondo e suggerire revisioni che all'interno del mondo accademico sarebbero definite come non sufficientemente «realistiche», e forse eretiche... (Fattori A. 2008).

1. Crisi della modernità e reincanto del mondo

L'intera modernità si è caratterizzata per un aspetto su tutti: il *disincanto* del mondo. Con questo termine si intende il processo per cui la consapevolezza umana va verso un "esaurimento del regno dell'invisibile" (Gauchet 1992), come già nel 1919 aveva indicato Max Weber. Non è un caso che il sociologo tedesco usi questo termine nel testo dal nome *La scienza come professione* (2004); il disincanto del mondo è inestricabilmente connesso con lo sviluppo degli strumenti e delle tecniche scientifici, che sono gli elementi che, sotto l'egida degli uomini che credono nel loro potere, trasportano l'umanità al di fuori del dominio del metafisico: "In linea di principio non sono in gioco misteriosi poteri incalcolabili, ma l'uomo potrebbe-in linea di principio-dominare tutte le cose mediante il calcolo" (ivi). Oggi, però, sappiamo bene che questo non è possibile.

Nel tormentato passaggio dall'età moderna a quella che oggi ancora sappiamo definire solo come post-modernità, il conflitto tra religione e scienza va senza dubbio alcuno riconosciuto come un punto di frattura di grande centralità per questo momento storico. Tale conflitto non si è evidentemente risolto a favore della seconda, come forse gli studiosi dell'inizio del XX secolo immaginavano ma, al contrario, la secolarizzazione ha decisamente rallentato il suo passo, al punto tale che alcuni studiosi hanno teorizzato un possibile *reincanto* del mondo. Pascal Bruckner, in un suo studio del 2001 dedicato ai consumi di massa e alle strategie di marketing, nota acutamente che

> Siamo lontani dallo spirito del calcolo razionale che formava, secondo Max Weber, l'ethos degli albori del Capitalismo: la produzione mercantile viene messa al servizio di una magia universale, il consumismo culmina *nell'animismo degli oggetti* (Bruckner 2001: 47).

A religione e scienza si aggiunge quindi un terzo elemento di conflitto: il capitalismo, che nonostante sia stato il principale veicolo della rivoluzione scientifico/tecnologica degli ultimi due secoli, in questa fase acquisisce invece un segno opposto, contribuendo inoltre alla ri-sacralizzazione dello spazio secolarizzato per eccellenza, quello dell'economia, che lo stesso Berger riconosce come il principale di quei "processi e gruppi socio-culturali [che] servono come veicoli o mediatori della secolarizzazione" (Berger 1984: 122).

Questi mutamenti non sono casuali ma, al contrario, come già alla fine del XX secolo ne *La società del rischio* notava Ulrich Beck, sono figli proprio del trionfo della società industriale che "mentre si afferma nella sua normalità, si congeda in punta di piedi dalla scena della storia mondiale passando per la porta di servizio dei suoi effetti collaterali" (Beck 2000: 15); questo congedo trascina con sé la scienza, lasciandola proprio sulla soglia di quella porta in quanto, mentre "nella società industriale la scienza si istituzionalizza, e con essa anche il *dubbio metodico*" (*ibidem*: 19), nel nuovo quadro venutosi a creare "il dubbio si estende ai fondamenti ed ai rischi del lavoro scientifico" (*ibidem*).

Il portato della perdita di forza legittimante da parte della scienza non è di poco conto: i più recenti sviluppi di questo processo, ravvisabili nella diffusione di spiegazioni e comportamenti pseudoscientifici (Tipaldo 2019), sono diventati evidenti a tutti con lo sviluppo dei movimenti *no-vax* prima e soprattutto durante la pandemia da Covid-19. Dunque la crisi della scienza colpisce direttamente le fondamenta della nostra società: se, per usare le parole di Peter Berger, "la più importante funzione della società è la nomizzazione" (1984: 33), diventa chiaro che una società dalle fondamenta indebolite, perché aveva puntato tutto sul progresso scientifico e tecnologico, non è più in grado di dare un senso all'esistenza. In questo quadro, è inevitabile la ripresa di forza da parte di narrazioni mistiche dato che, come ricorda ancora Berger, il sacro "che trascende e ingloba l'uomo nel suo ordinare la realtà, fornisce quindi l'ultima difesa dell'uomo contro il terrore dell'anomia" (*ibidem*: 38).

È stato lo sviluppo della scienza stessa a infliggere i colpi più gravi alla sua stessa promessa di creare un mondo, se non migliore, sicuramente più conoscibile, già a partire da pochi anni dopo che Weber aveva enunciato il sogno di governare il mondo grazie agli strumenti della razionalità tecnica e scientifica: prima con l'avanzamento della fisica, con lo sviluppo della teoria quantistica e la formulazione del principio di indeterminazione di Heisenberg, che ha mostrato definitivamente che no, non è possibile *dominare tutte le cose mediante il calcolo*; poi, con l'utilizzo delle scoperte scientifiche come macchine di morte, prima con gli orrori della Prima guerra mondiale, poi nei campi di concentramento nazisti o nelle bombe atomiche prima sganciate dagli Stati Uniti sul Giappone e possedute da tutte le principali (e non solo) potenze militari del mondo, e infine con la minaccia di una distruzione totale durata fino (perlomeno) alla caduta del muro di Berlino.

Il sociologo Antonio Camorrino nota che "Alcuni arrivano addirittura a scorgere, in queste terribili sciagure, l'ombra distorta del processo di razionalizzazione trasformatosi da movimento di liberazione in strumento di oppressione" (Camorrino 2015: 93); Auschwitz "diviene lo scenario non già del compimento dei sogni della modernità ma, bensì, degli incubi di una barbarie pianificata per mezzo dello strumento che, invece di assicurare felicità, promuove una condizione di orrore indicibile" (ivi: 95).

È doveroso a questo punto sottolineare che il processo di rallentamento della forza legittimante della narrazione scientifica non si è arrestato con la fine della Seconda guerra mondiale, né con il *boom* economico ad essa seguito: la "guerra fredda", con la minaccia costante di mutuo annientamento da parte delle due superpotenze (USA e URSS), il susseguirsi delle crisi economiche, sempre più lunghe e con effetti più drammatici, l'insorgere del terrorismo e, in un *climax* che sembra ben lontano dall'arrestarsi, la pandemia da Covid-19 e l'incipiente crisi climatica hanno inevitabilmente avuto degli effetti sul modo in cui i membri della nostra società percepiscono il loro tempo e la loro realtà – e, ancora, la guerra in Ucraina.

Damian Thompson ne *La fine del tempo* (1997) coglie un aspetto particolare della crisi della modernità: il suo studio tratta, infatti, principalmente dei movimenti millenaristici sorti poco prima dell'anno Duemila, ovvero i movimenti composti da persone "che vivono in una quotidiana attesa dell'alba del «Millennio»" (Thompson 1997: 12); con questo termine egli si riferisce a quanto descritto nell'*Apocalisse* di Giovanni, ultimo libro del *Nuovo Testamento*, in cui si racconta della sconfitta di Satana e dei successivi mille anni di regno di Cristo sulla Terra. Lo studioso inglese nell'introduzione scrive che

> … il millenarismo spesso nasce da sentimenti di deprivazione in materia di status, salute, sicurezza o autostima. Per di più, esso tende a svilupparsi durante i periodi di

crisi che, secondo le parole di un commentatore, possono essere «clamorose e violente come il sacco di una città o acute e prolungate come il passaggio dalle comunità agrarie isolate alle megalopoli industriali» (*ibidem*),

avvalorando dunque l'ipotesi che vede un rafforzamento dei movimenti religiosi nei periodi di sconvolgimento o mutamento sociale, come è senza dubbio quello che la nostra società sta attualmente attraversando.

Non va sottovalutata l'enorme influenza avuta dalle immagini dell'Apocalisse e del Millennio sull'intera cultura occidentale: queste costituiscono il completamento della vera e propria rivoluzione della concezione del tempo iniziata già con il recupero di alcuni elementi dello Zoroastrismo da parte dell'Ebraismo, "l'unica religione, prima dell'avvento del cristianesimo [...] che è alla base di una primitiva ma concreta filosofia della storia" (Cavicchia Scalamonti 2007: 72).

Il tempo degli ebrei, come il tempo dei cristiani e di tutto ciò che seguirà storicamente la nascita di questa concezione, è un tempo escatologico, ovvero un tempo in cui "Gli eventi storici, spesso a prima vista brutalmente inespressivi, vengono «giustificati soltanto se rimandano ad uno scopo che trascende i fatti; e poiché la storia si muove nel tempo, lo scopo deve essere una meta futura»" (ivi: 73): il Millennio, appunto, per i cristiani, così come la società senza classi per i marxisti o il dominio della ragione per gli illuministi; ciò che è più importante sottolineare è che le filosofie della storia, e la stessa idea di progresso sono imbevute di escatologia.

Ma, mentre nell'escatologia la storia dell'uomo era guidata dalla provvidenza di una volontà divina, nel sistema hegeliano è lo spirito o la ragione che svolgono questa importante funzione. In questo modo Hegel ha immanentizzato quel futuro che nel Nuovo Testamento era ancora trascendente (ivi: 92).

E ancora: "la principale eredità dell'Illuminismo consistette nello «spostamento della responsabilità riguardo al futuro dal cielo alle mani dell'uomo» (Thompson 1997: 137).
Deve essere però ben chiaro che le vie di ricerca di un principio legittimante non possono oggi essere identiche a quanto avvenuto nei secoli passati, laddove, ad esempio, il cristianesimo e l'islamismo costituivano veri e propri universi simbolici, bensì acquistano forme particolari; una delle più rilevanti tra queste, che vale la pena sottolineare perché ritornerà utile più avanti nella nostra analisi, è quella del movimento *New Age*. Con questo termine ci riferiamo alla concezione di

> … un universo in cui spirito e materia sono del tutto intrecciati e in cui l'umano e il cosmico sono tenuti insieme da un complesso di forze e di intermediari che variano nella forma dall'astrologia e dalle *ley lines* agli «spiriti fratelli» degli UFO e ai maestri illuminati (*ibidem*: 221).

Thompson qui coglie uno degli aspetti principali del movimento *New Age*: la capacità di ingurgitare e rimasticare una molteplicità di tradizioni, culture e riferimenti, restituendoli sotto forma di galassia di pratiche e credenze, tenuta insieme da una (soltanto) apparente coerenza interna, pervasa da una comune presenza di misticismo. Ma l'aspetto più importante del movimento New Age è la "fede nella comparsa di un mondo perfetto dopo un periodo di tribolazione, ovvero, in altre parole, l'apocalittica classica" (*ibidem*: 222), che ci permette di individuare immediatamente il fortissimo legame esistente con le tradizioni religiose occidentali.

Nella fase di grande mutamento in cui ci troviamo oggi, in cui proprio quella responsabilità che l'Illuminismo mise nelle mani dell'uomo sfugge al controllo *positivo* delle costruzioni sociali, c'è un tema che riunifica e amplifica con straordinaria forza tutte le suggestioni che ho finora toccato, e che presenta una enorme compatibilità con il sottotesto apocalittico che caratterizza il movimento New Age: il *climate change*. Non è questa la sede per ricostruire la storia o sintetizzare lo stato del dibattito, scientifico e non, su questo tema; ciò che ci interessa indagare è come l'immaginario collettivo risenta della crescita di questo dibattito, che mette ulteriormente in crisi le strutture di legittimazione della nostra società poiché, per citare nuovamente Ulrich Beck, "*Lo smog non si preoccupa del principio di responsabilità. Colpisce tutti in blocco con un effetto livellatore, indipendentemente dalla quota di questo o quello nella sua produzione*" (Beck 2000: 52, corsivo nel testo). Non è un caso che Beck faccia riferimento proprio al principio di responsabilità, ovvero alla concezione filosofica elaborata da Hans Jonas (Jonas 2014) in risposta ai disastri causati dall'uomo nella prima metà del XX secolo: il *climate change* mette seriamente in discussione sia il modo di concepire ed utilizzare la tecnologia da parte della nostra società, sia qualsiasi tentativo di razionalizzazione a posteriori di questo utilizzo.

2. Scienza *vs.* religione nelle opere di Roland Emmerich

Può essere interessante andare a indagare più da vicino come il conflitto tra scienza e sacro sia rappresentato all'interno delle opere di Roland Emmerich.

Ho deciso di selezionare, in particolare, *Indipendence Day* (Emmerich 1996), *The Day After Tomorrow* (Emmerich 2004) e *2012* (Emmerich 2009), tre opere che presentano caratteristiche comuni: innanzitutto, appartengono ad uno stesso genere cinematografico, a metà strada tra il fantascientifico ed il catastrofico, e tutte e tre hanno avuto un enorme riscontro di pubblico a livello mondiale (rispettivamente, gli incassi al botteghino: 817 milioni di dollari, 544 milioni di dollari, 734 milioni di dollari[8]), il che potrebbe confermare il fatto che facciano risuonare corde comuni a gran parte della popolazione mondiale.

Ma l'aspetto che più di tutti le rende interessanti è la presenza di un sottotesto comune. Si pensi, ad esempio, a quanto raccontato in *Indipendence Day*: in quest'opera viene rappresentata l'invasione della Terra da parte di un esercito di provenienza extraterrestre, che grazie alla sua superiorità tecnologica riesce in breve tempo ad aver quasi completamente ragione delle difese terrestri. In una delle scene cardine, il protagonista si rende conto di poter danneggiare il sistema di difesa delle astronavi nemiche infettandolo con un virus informatico,

---

[8]Fonti: pagine su Wikipedia dedicate alle tre opere in questione.

spianando la strada alla controffensiva che salverà il nostro pianeta.

Il personaggio in questione, per quanto ci riguarda, è archetipico, pur non essendo il tipico protagonista da film d'azione, ovvero un combattente rude e fisicamente prestante: egli è bensì uno scienziato con una forte caratterizzazione ecologista, che non presenta particolari adesioni "politiche" se non quella, appunto, alla tutela dell'ambiente. Anche diversi personaggi fondamentali di *The Day After Tomorrow* e *2012*, peraltro, sono scienziati: il protagonista del primo è un climatologo, nel secondo un geologo è il coprotagonista ed il principale responsabile della previsione della futura ondata di distruzione; è chiaro che questi personaggi incarnano una ben precisa idea della scienza, che potremmo semplicemente indicare come *moderna*, piuttosto che post-moderna: mi riferisco ad una scienza che cerca di affrancarsi dagli orrori del XX secolo per tornare ad essere strumento di miglioramento della vita dell'uomo, fermando invece la sua forza distruttrice.

Tra le opere prese in esame, *2012* è senza dubbio quella in cui traspare con più forza l'idea di scienza del regista tedesco; nel film, una forte emissione solare di neutrini causa il surriscaldamento del nucleo terrestre, innescando una reazione a catena che causerà quasi l'estinzione dell'umanità. *2012* razionalizza scientificamente l'apocalisse che racconta, ma la mette in scena attingendo all'immaginario dell'Apocalisse di Giovanni; la data scelta, il 21 dicembre 2012, che com'è noto è passata senza alcun particolare sconvolgimento, fa parte della simbologia *new age,* che a propria volta l'ha estratta dal calendario Maya forzandone ampiamente l'interpretazione.

Ciononostante, come anticipavamo, è l'immaginario cristiano a ispirare questa raffigurazione della fine del mondo: le grandi città vengono distrutte da terremoti ed eruzioni vulcaniche, mentre uno tsunami sufficientemente alto da sommergere l'Himalaya riesce quasi ad annientare l'umanità; solo pochi eletti riescono a sopravvivervi, salpando su delle grosse navi, da essi stessi appropriatamente chiamate "arche".

Nuovamente Thompson ci ricorda che quasi tutte le società umane condividono la credenza che "La storia si muove attraverso un processo predeterminato di nascita e decadenza, con un diluvio che ha luogo verso l'inizio del ciclo e un incendio verso la fine" (Thompson 1997: 20). Possiamo intuire che nell'opera da noi esaminata lo tsunami, sommergendo la Terra, prenda figurativamente il posto del diluvio nel rappresentare un nuovo inizio; contemporaneamente, nel soffitto della Cappella Sistina, nella parte di affresco che raffigura la creazione di Adamo, si apre una crepa che passa esattamente tra il primo uomo ed il suo Creatore. Se dunque il capolavoro di Michelangelo rappresenta l'eterna alleanza tra l'umanità e il dio cristiano-cattolico, la crepa non può indicare altro che l'opposto, dunque la rottura di questo patto, che si spezza mentre la Basilica di San Pietro si abbatte sui fedeli in preghiera nella piazza che è uno dei simboli della cristianità.

Il crollo della sede papale, che sembra richiamare l'ormai celeberrima profezia di Malachia, sancisce il passaggio di consegne tra la religione e la scienza: è quest'ultima che si assume il compito di guidare l'umanità, o almeno quella sua parte che, seguendo le indicazioni degli scienziati, nuovi profeti, sopravvivrà alla catastrofe; peraltro è interessante notare che la nuova società umana si dirige verso l'Africa, il continente dove, secondo biologi e antropologi, ha avuto origine la specie umana, simboleggiando ulteriormente un "nuovo inizio". Le arche qui hanno un notevole peso, non richiamando soltanto l'arca di Noè, bensì anche l'arca dell'alleanza, che in questo caso non è più tra uomo e dio, bensì tra uomo, macchine e natura.

Ritengo che all'interno di quest'opera sia possibile scorgere, in filigrana, un'ammonizione riguardante il *climate change*, già dichiarato protagonista di *The Day After Tomorrow*; in questo lungometraggio, precedente a *2012*, la catastrofe rappresentata è "solo" la glaciazione di gran parte dell'emisfero boreale. In questo caso la caratterizzazione è fortemente politica, in quanto viene più volte messo in scena il rifiuto del vicepresidente degli Stati Uniti di riconoscere validità agli studi del protagonista, climatologo, che preannunciavano la catastrofe.

Ad una analisi superficiale potrebbe sembrare che Emmerich sia banalmente l'alfiere di una visione del mondo imperniata sui tipici valori americani da sempre messi in scena da Hollywood, e che dunque da qui discenda la scelta di rappresentare nelle sue opere un mondo dalle caratteristiche sostanzialmente moderne; vanno in questa direzione non soltanto la rappresentazione della scienza, bensì anche i rapporti familiari e numerosi richiami alla fantascienza classica: ne è prova *Independence Day* che in molti aspetti ricalca *La guerra dei mondi* (Wells 1991), opera pubblicata inizialmente nel 1897 (la differenza più rilevante tra le due è che nell'opera di Wells gli invasori venivano uccisi dal raffreddore, contratto per puro caso; più significativamente, nel lungometraggio di Emmerich, il virus, come accennavamo in precedenza, è un programma informatico con cui il protagonista infetta i sistemi difensivi degli extraterrestri).

Sicuramente la componente capitalistico-produttiva dei *blockbuster* hollywoodiani ha un'influenza su quanto viene messo in scena, ma da queste opere emergono comunque indicazioni interessanti sui processi in corso nella nostra società.

3. Conclusioni

"La religione quindi serve a conservare la realtà di quel mondo socialmente costruito entro cui gli uomini conducono la propria esistenza quotidiana" (Berger 1984: 54); come sappiamo, non solo la religione ha perso questo monopolio, ma anche quelli che sono stati funzionalmente i suoi succedanei nel corso degli ultimi secoli perdono sempre più la propria forza. Ormai è evidente che la nostra società manca sempre più di un elemento fondamentale alla propria stabilità; le fibrillazioni millenaristiche (come ad esempio la vicenda del *millennium bug*), la diffusione delle credenze *new age*, e tanto altro, non sono altro che il frutto dell'incapacità di gestione dell'ansia escatologica. Quest'ansia è, nel mondo contemporaneo, ineliminabile. La società moderna, come ricorda Beck, si è caratterizzata per la produzione *industriale* dell'evento anomico per eccellenza poiché "nel processo di modernizzazione con la crescita esponenziale delle forze produttive, si liberano rischi e potenziali autodistruttivi in dimensioni fino ad oggi sconosciute" (Beck 2000: 25). E, di fronte alla prospettiva sempre più vicina di una crisi climatica devastante, è facile pensare che la post-modernità possa seguire la stessa direttrice.

Antonio Camorrino, sulla scorta degli studi di Ulrich Beck

ipotizza che l'ecologismo possa assurgere a nuova etica legittimante dei prossimi tempi. È Beck a notare che "La questione ecologica [...] costituisce un fenomeno la cui matrice è radicalmente sociale poiché attiene, più che all'ambiente naturale, alle difettose dinamiche istituzionali della società tardo-moderna" (Beck, 2001: 32, citato in Camorrino 2015: 140); a propria volta, Camorrino nota che "L'ecologismo sembra dunque rappresentare un potente dispositivo di senso adatto ad incorporare nel proprio orizzonte le esistenze sociali della tardo-modernità concorrendo ad integrare i significati delle biografie individuali" (*ibidem*). E ancora: "viene formandosi una cosmologia nuovamente in grado di integrare i significati delle biografie individuali per mezzo di una *promessa di senso* [...] che rinvia, *stricto sensu*, ad una dimensione sacra dell'esperienza" (ivi: 155).

È inevitabile a questo punto sottolineare che una narrazione di questo tipo, nell'attribuire nuovamente una caratterizzazione *morale* alla "natura", e dunque di peccatore a chi non la rispetta o difende nel modo previsto dalla narrazione stessa, costituisce la più clamorosa delle possibili dimostrazioni della forza del processo di reincanto.

Queste suggestioni sono relativamente facili da riconoscere sia in *The Day After Tomorrow*, l'opera di Emmerich che mette dichiaratamente in scena gli effetti del *climate change*, il quale nel momento storico attuale funge chiaramente da catalizzatore dell'ansietà escatologica (anche se la percezione sociale del reale pericolo dei mutamenti ecologici sembra ancora ridotta) sia in *2012*.

Se, da un lato, l'ecologismo è un tema caratterizzante di tutto il lavoro di Emmerich, dall'altro è evidente che questo trovi linfa vitale nel sincretismo che caratterizza questo periodo storico. È necessario riconoscere a Peter Berger una straordinaria lungimiranza quando già ne *La sacra volta* (1984) accennava alla "«soggettivazione» della religione" (ivi: 180), che "diventa sempre più una questione di libera scelta soggettiva" (ivi: 178), ed è proprio di questo substrato che si nutre la galassia *new age*.

A questa frammentazione delle forme religiose si contrappone dunque la necessità di una nuova legittimazione unificante. Se l'ecologismo può essere la forma che questa può assumere nel prossimo futuro, bisogna riconoscere peraltro che l'iconografia giudaico-cristiana è ancora un elemento fondante dell'immaginario di tutta la nostra società: l'inevitabile raffigurazione di un'apocalisse laica come quella di *2012* con gli strumenti dell'immaginario giovanneo ne è la più chiara delle dimostrazioni, e la sua compatibilità con immaginari che non si riferiscano strettamente alla tradizione giudaico-cristiano dimostra nuovamente la forza del processo di sincretismo che più volte ho richiamato nel corso di questo lavoro.

I processi in atto di sincretismo culturale e reincanto del mondo, che emergono accanto alla crisi dell'idea di progresso, sono temi centrali per la comprensione dell'agire umano in quest'epoca.

Secondo Damian Thompson, "L'ansia fiorisce quando le strutture sociali o intellettuali crollano e le persone sono disorientate. È la risposta al cambiamento e alle sue variazioni" (Thompson 1997: 362). Nella storia umana, nessuna epoca più di quella attuale è stata contraddistinta dall'accelerazione del

mutamento, dal cambiamento delle pratiche sociali, delle credenze, dei mezzi produttivi; dinanzi a queste trasformazioni,
l'unico aiuto può venirci dall'inarrestabile bisogno di conti-
nuare a interrogarci.

Bibliografia

Abruzzese A., Borrelli D., *L'industria culturale. Tracce e immagini di un privilegio*, Carocci, Roma, 2000.

Bauman Z., *Retrotopia*, Laterza, Bari-Roma, 2017.

Beck U., *La società del rischio*, Carocci, Roma, 2000.

Berger P. L., *La sacra volta*, SugarCo Edizioni, Milano, 1984.

Berger P. L., *Robert Musil e il salvataggio del sé*, Rubbettino, Soveria Mannelli, 1992.

Bifulco L., *I tempi della modernità*, Ipermedium, S. Maria Capua Vetere, 2007.

Brancato S., *La forma fluida del mondo*, Ipermedium, S. Maria Capua Vetere, 2010.

Bruckner P., *La tentazione dell'innocenza*, Ipermedium, Napoli, 2001.

Camorrino A., *La natura è inattuale*, Ipermedium, S. Maria Capua Vetere, 2015.

Cavicchia Scalamonti A., *La morte. Quattro variazioni sul tema*, Ipermedium, S. Maria Capua Vetere, 2007.

Fattori A., *Materia dei sogni. Elementi di sceneggiatura per le scienze sociali*, Ipermedium, Napoli, 2006.

Fattori A., *Zygmunt Bauman: questa società liquida l'uomo*, in Quaderni d'Altri Tempi n. 11, gennaio-febbraio 2008,

Gauchet M., *Il disincanto del mondo. Una storia politica della religione*, Einaudi, Milano, 1992.

Jonas H., *Il principio responsabilità. Un'etica per la civiltà tecnologica*, Einaudi, Milano, 2014.

Morin E., *Lo spirito del tempo*, Meltemi Editore, Roma, 2005

Pecchinenda G., *Homunculus. Sociologia dell'identità e autonarrazione*, Liguori Editore, Napoli, 2008.

Pecchinenda G., *La narrazione della società*, Ipermedium, S. Maria Capua Vetere, 2009.

Pecchinenda G., *Lo stupore e il sapere*, Ipermedium, S. Maria Capua Vetere, 2013.

Quarantelli E.L., *Realities and Mythologies in Disaster Films in Communications*, Volume 11, Issue 1, De Gruyter, Berlino, 1985.

Thompson D., *La fine del tempo*, Neri Pozza Editore, Vicenza 1997.

Tipaldo G., *La società della pseudoscienza*, Il Mulino, Bologna, 2019.

Weber M., *La scienza come professione*, Einaudi, Milano, 2004.

Wells H.G., *La guerra dei mondi*, Ugo Mursia Editore, Milano, 1991.

Videografia:

Emmerich R., *Independence Day*, 20th Century Fox, 1996.

Emmerich R., *The Day After Tomorrow*, 20th Century Fox, 2004.

Emmerich R., 2012, Columbia Pictures, 20th Century Fox, 2009.

Roberto Paura

Dagli stadi di sviluppo ai futuri plurimi: la critica dei Futures Studies *al concetto di progresso*

L'identità tra "futuro" e "progresso" è una conseguenza della modernità. Tanto nelle società fondate su una concezione del tempo ciclica quanto in quelle di tipo escatologico – basate su una concezione lineare tendente a una fine dei tempi ultraterrena – il futuro intramondano o è immaginato come del tutto identico al presente e al passato, o è connotato da aspettative negative: il primo caso è quello del mito del progressivo decadere da un'età dell'oro a un'età del ferro nelle culture classiche come nell'escatologia ebraica del *Libro di Daniele*, il secondo è esemplificato dell'attesa di una fine dei tempi scandita da calamità, guerre, fame e pestilenze secondo il millenarismo cristiano. È solo con il declino dell'interpretazione mitologica e religiosa del futuro che iniziano a emergere nuove concezioni del tempo dove la progressione lineare assume un nuovo senso teleologico (Minois 2007). In Occidente la storia inizia a essere interpretata non più come il dispiegarsi di un processo di salvezza, secondo la teologia cristiana della storia, ma come un perfezionamento costante proteso verso un'età dell'oro che gode di tre caratteristiche innovative: non è più posizionata nel passato, ma proiettata nel futuro; non è più posta in una dimensione ultraterrena alla fine dei tempi, ma intramondana; non è più il prodotto di una scelta esclusiva e imponderabile di un ente metafisico, ma frutto dell'azione umana nel mondo.

I moderni studi sul futuro – moderni in quanto si distinguono nettamente da quelli fondati su assunti metafisici o religiosi, come nel profetismo, nella divinazione o nell'astrologia premoderna – assumono fin dal loro esordio questa identità tra futuro e progresso. Nel discorso che Herbert George Wells tenne nel 1902 alla Royal Institution di Londra, intitolato *The Discovery of the Future*, e che rappresenta la prima proposta esplicita di una "scienza del futuro" orientata alla previsione, pure al netto delle distanze che Wells cercava di mettere tra sé e i positivisti dell'Ottocento e degli allarmi sul rischio di un'estinzione della specie umana, l'assunto di fondo è la fede nel progresso umano:

> Questo secolo vedrà cambiamenti che sovrasteranno quelli del Diciannovesimo, così come i cambiamenti del Diciannovesimo secolo hanno sovrastato quelli del Diciottesimo. Non c'è alcun segno che questa corsa al cambiamento terminerà all'improvviso, che il sogno positivista di una ricostruzione sociale e di una nuova fase statica della cultura si realizzerà mai. La società umana non è mai stata veramente statica e smetterà anche di cercare di esserlo. Tutto sembra puntare verso la convinzione che stiamo per entrare in una fase di progresso che, con una falcata sempre più ampia e sempre più sicura, proseguirà per sempre (Wells 2021).

Queste idee traevano spunto dalle grandi teorizzazioni del positivismo, che postulano uno stretto rapporto tra la scoperta di una scienza per la previsione del comportamento umano (la cosiddetta "fisica sociale") e l'esistenza di una legge della storia che tende verso il progressivo miglioramento della civiltà: l'una non è possibile senza l'altra. È su queste basi che già alla fine del Settecento Nicolas de Condorcet elaborava un prospetto della storia umana divisa in nove epoche a cui sarebbe seguita una decima, inaugurata dalle conquiste della Rivoluzione francese e fondata sulla libertà, l'emancipazione sociale e il progresso scientifico; ed è su queste stesse basi che Claude-Henri de Saint-Simon si convinse di aver scoperto la legge fondamentale della storia nell'alternarsi di epoche organiche e di epoche critiche, spingendo Auguste Comte a ipotizzare una divisione della storia umana in tre stadi: lo stadio teologico, quello metafisico e lo stadio positivo (cfr. Bury 1964). Sebbene alla base di queste teorie ci sia l'indiscussa fede nelle capacità della scienza di migliorare la civiltà e prevederne la traiettoria, indiscutibile è l'inconsapevole influenza dell'escatologia cristiana: i tre stadi di Comte non sono molto distanti dalle tre età del mondo di Gioacchino da Fiore, profetizzate fin dal XII secolo (cfr. De Lubac 2016). L'età dello Spirito, che secondo l'abate calabrese sarebbe emersa nel secolo entrante (il Duecento), non era certo fondata sullo sviluppo industriale e l'innovazione scientifica, come nelle utopie positiviste, ma è analogamente descritta come lo stadio apicale dello sviluppo umano, i cui "uomini nuovi" trasfigurati dallo Spirito Santo non sono poi tanto diversi da quei successori della specie umana che già Wells prefigurava nel suo discorso, anticipando di qualche anno le teorie del transumanesimo di Julian Huxley e John Burdon Sanderson Haldane (cfr. Bowler 2017).

La vera svolta che porta a differenziare queste utopie

scientifiche da quelle religiose si verifica allorquando lo stadio ultimo del progresso umano non è più posizionato in un futuro più o meno lontano, ma in un contesto storico-sociale ben preciso e attuale. Questa ulteriore "mondanizzazione" dell'escatologia era stata tentata già dal nazionalsocialismo con la sua utopia del Reich dei Mille Anni, e dal comunismo con l'obiettivo della società senza classi e fondata sull'economia collettivista considerata ultimo stadio del progresso umano. Ma in entrambi i casi il nuovo ordine del mondo presente era annunciato come provvisorio, teso alla realizzazione dello stato perfetto indicato dalle rispettive ideologie. Al contrario, il modello della "società del consumo di massa" proposto dai sociologi americani, in particolare della teoria degli stadi di sviluppo di Walt Whitman Rostow (1959), che descrive gli Stati Uniti del boom economico del secondo dopoguerra, è già assunto come meta finale dello sviluppo storico mondiale e consente di saldare la moderna concezione del progresso con l'idea positivista di una legge ferrea della storia, ipotizzando che tutte le società umane siano destinate a seguire un'analoga traiettoria: partendo dal modello tradizionale fondato sull'economia di sussistenza e su visioni del mondo pre-scientifiche si approda inesorabilmente all'età del consumismo e della produzione di massa. Una simile ideologia ha potuto fornire ai decisori politici statunitensi una *Weltanschauung* talmente pervasiva da orientare tutte le successive politiche di "modernizzazione" applicate ai paesi definiti "in via di sviluppo". Come scrisse criticamente John Kenneth Galbraith (1964): "Lo sviluppo è la fedele imitazione dello sviluppato".
Uno dei più ambiziosi esercizi di futurologia svolto negli Stati

Uniti in quegli anni, ossia la Commissione per l'Anno 2000 istituita nel 1964 in seno all'Accademia americana delle arti e delle scienze (di cui faceva parte, tra gli altri, Walt Rostow), fu presieduta da Daniel Bell, influente sociologo che anni prima aveva preconizzato la fine delle ideologie a seguito del trionfo della società di massa capitalistica (cfr. Bell, 1969). Quelle tesi erano destinate a essere messe violentemente in discussione solo pochi anni dopo, quando l'intero Occidente iniziò a essere scosso dai movimenti di protesta giovanile e – negli Stati Uniti – razziale, costringendo lo stesso Bell a rivedere le sue posizioni. Sebbene nel suo celebre *The Coming of Post-Industrial Society* (1973) Bell prevedesse un futuro oltre la società del consumo di massa, nondimeno restava legato alle teorie della modernizzazione, prevedendo che tutte le società siano destinate a passare dal modello preindustriale a quello industriale fino ad approdare al più maturo modello di società postindustriale.

A mettere in discussione questa concezione furono i pionieri dei Futures Studies, una nuova disciplina che iniziò a emergere negli anni Sessanta con l'obiettivo di superare l'approccio empirico-positivista della futurologia e impostare un più maturo discorso intorno ai possibili futuri della civiltà. La critica del francese Bertrand de Jouvenel, autore di un testo particolarmente influente, *L'arte della congettura* (1964), riguardo alla visione "«ferroviaria» degli sviluppi futuri", che immagina lo sviluppo sociale "come un convoglio che procede dietro un altro a distanza su una stessa linea" (De Jouvenel, 1967), funse da ispirazione per gli organizzatori delle prime grandi "conferenze mondiali sul futuro", inaugurate a Oslo nel 1967 su iniziativa di Robert Jungk, un giornalista che aveva già evidenziato i rischi dell'ambizione futurologica americana nel suo libro-inchiesta *Il futuro è già cominciato* (1954). La conferenza di Oslo, denominata *Mankind 2000*, si diede un logo che aveva il preciso scopo di superare la visione lineare del futuro: si trattava di una tripla spirale che simboleggiava la reciproca interconnessione tra tre tipologie di futuri, vale a dire il futuro probabile, quello possibile e quello preferibile. In tal modo l'enfasi veniva posta da un lato sulla pluralità del concetto di futuro, dall'altro sulla possibilità che speranze e utopie avanzate in particolare da gruppi ai margini della modernità possano modificare il "futuro probabile", ossia far deragliare la visione ferroviaria del progresso (cfr. Paura 2022).

Gli atti di questi convegni offrono numerosi spunti per comprendere la critica al connubio futuro-progresso avanzata da questo ambito di ricerca e il contributo alla messa in questione della linearità del futuro e dell'unilateralità della concezione progressista della storia. Un primo esempio è offerto da un articolo di Han-bin Lee, in seguito vice-primo ministro della Corea del Sud (dove servì anche come ministro dell'economia e della finanza), intitolato *Use of the Future for Development Policy*. Qui l'autore partiva dalla constatazione che il discorso sul futuro si fosse fino ad allora concentrato sui problemi e le prospettive dei paesi tecnologicamente avanzati, mettendo in secondo piano il "mondo in via di sviluppo" fino al punto da portare a credere che i paesi appartenenti a tale categoria non possano avere concezioni autonome del futuro. Pur se espressa in una formulazione molto pacata e istituzionale (come ci si aspetterebbe da un diplomatico di carriera qual era l'autore), l'osservazione conclusiva secondo cui la "futurologia" di un paese in via di sviluppo non può che ridursi a "sviluppologia" (*developmentology*), perché l'unica concezione di futuro offerta ai popoli di tali paesi è quella di un progressivo sviluppo tecnologico e sociale che, nei fatti, è mutuata dalla concezione del futuro dei paesi "sviluppati", suona come un forte atto d'accusa (Lee 1970).

Sulla stessa scia, ma con toni più veementi, la critica del sociologo olandese Bart van Steenbergen, all'epoca segretario del Workgroup 2000, un'organizzazione della società civile che riuniva in particolare esponenti della Chiesa olandese con l'obiettivo di studiare gli scenari futuri da una prospettiva "dal basso" in aperta critica alla commissione per la pianificazione scientifica istituita dal governo olandese nel 1972 (cfr. Andersson e Kaizer 2014). In un articolo intitolato *Critcal and Establishment Futurology*, van Steenbergen lanciava un attacco contro la pianificazione strategica a livello governativo, che essendo un concetto mutuato dai partiti socialisti riusciva a sottrarsi alle critiche di sinistra alla pianificazione centralizzata, così da permettere ai governi di agire in modo del tutto incontrastato attraverso politiche tecnocratiche fondate sull'idea della prevedibilità del comportamento umano:

Sono convinto che non appena diventa possibile predire il comportamento umano abbiamo raggiunto la società unidimensionale, dove sono incapsulati tutti i tentativi di cambiamento radicale, tutte le negazioni per rovesciare l'ordine sociale esistente. È tipico del vocabolario dei pianificatori e dei futurologi parlare di cambiamento

139

pianificato (van Steenbergen 1970).

Van Steenbergen distingueva pertanto tra una "futurologia isti-tuzionale" (*establishment futurology*), politicamente domi-nante e fondata su concezioni positiviste, e una "futurologia critica" (*critical futurology*). Come "idealtipo" della prima ca-tegoria van Steenbergen citava *L'anno 2000* di Herman Kahn e Antony Wiener, un celebre e influente studio realizzato dallo Hudson Institute, think-tank fondato da alcuni ex consulenti della RAND Corporation, tra cui lo stesso Kahn, che puntava ad applicare le stesse metodologie di previsione sociale impie-gate fino ad allora per finalità militari e strategiche allo studio delle grandi dinamiche sociali globali (Kahn e Wiener 1968). Lo studio assumeva come basi gli assunti di Rostow e Bell (an-che Kahn, infatti, aveva fatto parte della Commissione per l'Anno 2000), e le sue previsioni macroeconomiche dividevano il mondo in cinque livelli: preindustriale, parzialmente indu-strializzato o in transizione, industriale, consumo di massa o industriale avanzato, postindustriale.

Il libro è fondamentalmente basato sull'estrapolazione nel futuro dell'attuale cultura dominante. La possibilità di una svolta dialettica non è nemmeno presa in conside-razione. Tutto ciò che devia dal mondo standard, *stan-dardworld* (il termine è illuminante), è ignorato o de-scritto con orrore e considerato una sorta di avverti-mento. I neri radicali saranno integrati nella classe media americana, la gioventù ribelle protesta perché non sa come passare il tempo libero, è la generazione viziata (van

Steenbergen 1970).

Ma van Steenbergen non risparmiava accuse nemmeno alla futurologia critica. Pur ritenendo un passo in avanti il fatto di parlare di "futuri multipli" anziché di un unico futuro, accusava i futurologi critici di limitarsi a sollecitare l'adattamento delle nuove generazioni nei confronti della grande accelerazione tecnologica e sociale in corso e a venire, di fatto finendo per ritenere l'automazione, la cibernetica, la crescita esponenziale della tecnologica l'unico futuro possibile. Il rischio, secondo l'autore, sarebbe stato quello di creare una sostanziale apatia nelle nuove generazioni, convinte che non esistano alternative a questo orizzonte di sviluppo.

Una critica simile veniva mossa anche da Johan Galtung, che con Robert Jungk era stato il promotore di *Mankind 2000* e del movimento dei congressi mondiali che avrebbe condotto alla fondazione della World Futures Studies Federation, oltre che fondatore degli studi della pace. Galtung metteva infatti in guardia da una semplicistica distinzione tra approccio "predittivo" e approccio "prescrittivo" agli studi sul futuro: se la differenza tra i due è chiara – l'approccio predittivo si basa sull'assunto che esista un futuro prevedibile e quindi unico, quello prescrittivo rende esplicito il sistema di valori e promuove il perseguimento del futuro preferibile rispetto ad altri possibili esiti – in realtà anche il secondo approccio incorpora un pregiudizio riguardo alla natura del futuro, che Galtung chiama *singolarismo*: nel definire il futuro ideale verso cui dovrebbero tendere gli sforzi globali, anche i futurologi prescrittivi finiscono con il dare per scontato che esista un'unica soluzione valida, a prescindere dalle peculiarità socio-culturali dei diversi paesi del mondo. Pertanto, Galtung suggeriva di sostituire la dicotomia predittivo-prescrittivo con un'altra categorizzazione: quella che distingue tra *singolarismo*, in cui un solo futuro viene esplorato; *pluralismo spurio*, in cui "diversi futuri sono esplorati ma l'assunto è sempre che solo uno sarà selezionato"; e il *pluralismo genuino*, in cui invece non solo si prendono in considerazione, ma si tentano di realizzare molteplici futuri (Galtung 1970).

È in questo terreno di coltura che si svilupperà il più ambizioso progetto di messa in discussione dell'unilinearità del progresso, quello rappresentato dal celebre *Rapporto sui limiti dello sviluppo* promosso dal Club di Roma (1972), nel quale veniva avanzata una severa critica al credo del connubio tra progresso e futuro. Infatti, oltre a mettere in discussione l'insostenibilità di un modello di crescita continua fino ad allora dato per scontato, gli autori del rapporto esploravano anche i limiti della convinzione (ancora oggi dominante) secondo cui i grandi problemi sociali, economici e ambientali del mondo possano essere risolti dal progresso tecnologico:

Gli 'ottimisti tecnologici' confidano che la tecnologia giungerà a rimuovere o ad allontanare i limiti allo sviluppo della popolazione e del capitale. Abbiamo dimostrato peraltro, nel modello del mondo, che l'applicazione della tecnologia ai problemi dell'esaurimento delle riserve naturali, dell'inquinamento, della mancanza di alimenti, non risolve il problema essenziale, quello cioè determinato da uno sviluppo esponenziale di un sistema finito e complesso. I nostri tentativi d'introdurre anche le più ottimistiche previsioni sugli effetti della tecnologia nel modello, non impediscono il verificarsi del collasso finale della popolazione e dell'industria, in ogni caso non oltre il 2100. (Meadows *et al.* 1972).

L'anno successivo alla pubblicazione del rapporto, la riunione degli studiosi di futuro a Frascati, promossa dall'IRADES diretto da Eleonora Barbieri Masini, in seguito presidente e segretaria della World Futures Studies Federation, vide approfondire quegli stessi temi. In un contributo dal titolo *Economic development and social goals*, Jan Danecki dell'Accademia polacca delle scienze (al cui interno era stata istituita una Commissione per le Indagini e la Previsione "Polonia 2000") enfatizzava il concetto secondo cui "il progresso sociale dovrebbe dominare su quello economico", essendo ormai chiaro che "il mito di un automatismo degli effetti favorevoli del progresso nella scienza, nella tecnica e nell'industria è definitivamente collassato" (Danecki 1973). Ovviamente Danecki parlava – lo ammetteva egli stesso – *pro domo sua*, provenendo da un paese socialista: era, questa, una peculiarità dei congressi mondiali sul futuro, che offrivano una straordinaria opportunità di confronto tra esperti dei due blocchi contrapposti, non sempre vista di buon occhio, tant'è vero che la stessa iniziativa dell'IRADES di Barbieri Masini fu poi chiusa d'imperio proprio per il sospetto che potesse rappresentare un canale d'infiltrazione di agenti del blocco comunista (cfr. Facioni 2008). Tuttavia, se si guarda a come un contributo come quello di Danecki abbia anticipato temi di grandissima attualità come la necessità di "introdurre un sistema di nuovo tipo di indici per la valutare l'attività economica" (Danecki 1973), antesignano dei moderni dibattiti sul superamento del PIL come indicatore della crescita economica e (indirettamente) progresso economico-sociale, è evidente che proprio questo scambio abbia contribuito in modo determinante a mettere in discussione l'ideologia del progresso di matrice occidentale e ad aprire il concetto di futuri plurimi (cfr. Rindzevičiūte 2015).

Oggi queste idee costituiscono le fondamenta teoriche dei Futures Studies, che si sono gradualmente aperti a un sempre maggior pluralismo lavorando all'inclusione di visioni del futuro culturalmente e socialmente situate che sfidano la visione egemonica di un futuro unilineare coincidente con il concetto occidentale di progresso (cfr. Gidley 2021). Nel far ciò, i Futures Studies hanno superato le premesse insoddisfacenti della futurologia classica e fatto tesoro delle critiche avanzate nel fondamentale snodo degli anni Sessanta e Settanta. Nel chiudere il suo illuminante studio intitolato *Prophecy and Progress* (1978), Krishan Kumar avanzava esattamente questo tipo di critica alla futurologia:

Il problema con molta "futurologia" del decennio passato è stato proprio questo tentativo di chiudere fuori il futuro. Il futuro è concepito come una versione più grande, migliore, più efficiente del presente. Logicamente non c'è ragione di credere che ciò non debba rivelarsi corretto. In pratica sarà quasi certamente disastroso confrontare il futuro con questa visione e le sue aspettative. La natura dei problemi che si trovano ad affrontare le società industriali sviluppate – e perciò ora il mondo intero – richiede risposte che non sono state parte della loro tradizione centrale di pensiero e di pratica. In parte abbiamo bisogno di recuperare pratiche e idee che sono state sopraffatte dall'industrialismo, o che sono sopravvissute come correnti marginali o sotterranee. Senza dubbio avremo anche bisogno di inventarne di nuove, o almeno una nuova sintesi delle pratiche passate e presenti. Ma non possiamo permettere, né abbiamo bisogno, che il futuro sia il passato scritto in grande. Se il passaggio dalla società industriale alla società post-industriale si verificherà mai dovrà essere all'altezza del suo nome. La società post-industriale deve contenere un principio e una direzione molto diversa da quella della società industriale, così come quest'ultima si distinse radicalmente dalle sue forme pre-industriali. (Kumar 1978).

È questo, senza dubbio, il grande compito che spetta ai Futures Studies come disciplina.

Bibliografia

Andersson J., Kaizer A.G., *Governing the future: science, policy and public participation in the construction of the long term in the Netherlands and Sweden*, "History and technology: an international journal", vol. 30, n. 1-2, 2014, pp.104 - 122.

Bell D., *The Coming of Post-Industrial Society: A Venture in Social Forecasting*, Basic Books, New York, 1973.

Bowler P.J., *A History of the Future: Prophets and Progress from H.G. Wells to Isaac Asimov*, Cambridge University Press, Cambridge, 2017.

Bury J., *Storia dell'idea di progresso*, Feltrinelli, Milano, 1964.

Danecki J., *Economic Development and Social Goals*, in Aa.Vv., *Human Needs – New Societies – Supportive Technologies: Collected Documents Presented at the Rome Special World Conference on Futures Research 1973*, IRADES, Roma, 1973, pp. 231-242.

De Lubac H., *La posterità spirituale di Gioacchino da Fiore II. Da Saint-Simon ai nostri giorni*, in *Opera Omnia*, vol. 28, Jaca Book, Milano, 2016.

De Jouvenel B., *L'arte della congettura*, Vallecchi, Firenze, 1967.

Facioni C., *L'esperienza e il contributo italiano ai Futures Studies*, tesi di dottorato, Università di Roma "La Sapienza", 2008.

Galbraith J.K., *Economic Development*, Harvard University Press, Cambridge (Mass.), 1964.

Galtung J., *On Future Research and Its Role in the World*, in Japan Society of Futurology (a cura di), *Challenges from the*

Future: Proceedings of the International Futures Research Conference, vol. I, Kodansha, Tokyo, 1970, pp. 103-115.

Gidley J., *Il futuro. Una breve introduzione*, a cura di R. Paura, Italian Institute for the Future, Napoli, 2021.

Jungk R., *Il futuro è già cominciato*, Einaudi, Torino, 1963.

Kahn H. e Wiener A.J., *L'anno 2000*, il Saggiatore, Milano, 1968.

Kumar K., *Prophecy and Progress: The Sociology of Industrial and Post-Industrial Society*, Penguin, Harmondsworth, 1978.

Lee H.B., *Use of the Future for Development Policy*, in Japan Society of Futurology (a cura di), *Challenges from the Future: Proceedings of the International Futures Research Conference*, vol. I, Kodansha, Tokyo, 1970, pp. 83-92.

Meadows D.H., Meadows D.L., Randers J., Behrens III W.W., *I limiti dello sviluppo*, Mondadori, Milano, 1972.

Minois G., *Storia dell'avvenire. Dai profeti alla futurologia*, Dedalo, Bari, 2007.

Paura R., *Occupare il futuro. Prevedere, anticipare e trasformare il mondo di domani*, Codice, Torino, 2022.

Rindzevičiūte E., *Toward a Joint Future beyond the Iron Curtain: East–West Politics of Global Modelling*, in Andersson J., Rindzevičiūte E. (a cura di), *The Struggle for the Long-Term in Transnational Science and Politics*, Routledge, New York-Londra, 2015, pp. 115-143.

Rostow W.W., *The Stages of Economic Growth*, "The Economic History Review", vol. XII, n. 1, 1959, pp. 1-16.

van Steenbergen B., *Critical and Establishment Futurology*, in Japan Society of Futurology (a cura di), *Challenges from the Future: Proceedings of the International Futures Research*

Conference, vol. I, Kodansha, Tokyo, 1970, pp. 93-101.
Wells H.G., La scoperta del futuro, a cura di S. Arcagni, Luiss University Press, Roma, 2021.

Gianfranco Pecchinenda

Il senso del progresso
Le Neuroscienze esistenziali e l'incertezza del divenire

0. Introduzione

La *realtà*, nonostante sia il frutto di un sempre rinnovato sforzo collettivo, resta in gran parte una faccenda molto soggettiva. Lo stesso vale per *la realtà del divenire*. Forse – come ha scritto Vladimir Nabokov – "se il futuro esistesse in modo concreto e individuale, come qualcosa che può essere percepito da un cervello superiore, il passato non sarebbe così seducente: le sue esigenze risulterebbero controbilanciate da quelle del futuro. Le persone potrebbero allora stare a cavalcioni sul punto centrale dell'asse in bilico mentre contemplano questo o quell'oggetto". Tuttavia – come sappiamo – il futuro non possiede questa realtà (contrariamente al passato rivisto nel ricordo e al presente percepito); il futuro non è che una figura retorica, *un fantasma del pensiero*.

Se è vero che l'esperienza del futuro non potrà mai essere così vivida e pregna di quel "senso di realtà" che caratterizza il presente o il passato (soprattutto quello più prossimo), essa costituisce certamente una componente essenziale della personalità di ogni individuo, in quanto l'organizzazione di questa idea – o di questo "fantasma del pensiero" – fornisce un senso di direzione e rende possibili la speranza, il senso e – soprattutto –

il *controllo* delle esistenze.

1. Tecnologie e scienze del futuro

Una delle riflessioni scientifiche più interessanti relative all'idea del *divenire*, è quella proposta dallo storico Stephen Kern nel suo libro *Il tempo e lo spazio* (1988), apparso per la prima volta nel 1983. Tale riflessione prende spunto dalla geniale e oramai celebre distinzione del fenomenologo Eugène Minkowski (2004) tra due modalità di percezione del futuro: il modo dell'*attività* e il modo dell'*aspettativa*.

Nel primo caso l'individuo avanza verso il futuro spingendosi in ciò che lo circonda conservando il controllo sugli eventi; nel modo dell'*aspettativa*, il futuro muove verso l'individuo, che si contrae di fronte ad un ambiente opprimente. "Ogni individuo – sintetizza Kern – è una mescolanza di entrambi i modi, cosa che lo rende capace di agire nel mondo e mantenere un'identità in mezzo ad una barriera di minacciose forze esterne".

Le immagini che vengono richiamate dall'autore, per descrivere il senso di questa dicotomia, fanno riferimento innanzitutto alla guerra. Il modo dell'aspettativa è infatti predominante per un soldato, dato che la sua attività risulta essere evidentemente limitata dagli eventi attesi e subiti senza poterne avere praticamente nessun controllo (si pensi, ad esempio, ai soldati asserragliati in una trincea), ma anche ad eventi metaforicamente assai significativi, come l'affondamento del *Titanic*: "è come un iceberg, che ondeggia a picco di fronte alla prua di una nave che in un istante si schianterà fatalmente contro di esso. L'aspettativa penetra fino alla radice di un individuo, lo riempie di terrore di fronte a questa massa sconosciuta e inaspettata, che lo inghiottirà in un istante".

All'opposto, la visione del futuro legata al modo dell'attività viene ricollegata dal Kern soprattutto agli stimoli generati dai progressi registrati nell'ambito della scienza e dell'innovazione tecnologica. È lì che si annida l'aspetto più originale e – soprattutto – *attuale* della disamina di quest'autore.

Considerando l'esperienza generazionale dell'epoca da lui analizzata (quella che va da fine Ottocento alla fine della Grande Guerra), non si può non notare quanto le innovazioni tecnologiche introdotte in quel periodo in Occidente abbiano prodotto un'enorme crescita delle possibilità di prevedere e "controllare" il tempo, influenzando in maniera significativa entrambe le modalità di rapportarsi al futuro: gli effetti della diffusione del telefono ne sono un chiaro esempio. Citando un saggio apparso nel 1910, viene ricordato come, nel corso di quel periodo, fosse subentrato un abito mentale nuovo e assolutamente originale: "L'atteggiamento pigro e lento ha subito una mutazione (...), la vita è diventata più tesa, vigile, vivace. Il cervello è stato sollevato dall'ansia dell'attesa per una risposta (...) esso riceve istantaneamente ed è libero di considerare altre questioni".

Kern rileva inoltre quanto, "a paragone della comunicazione scritta o delle visite faccia a faccia, il telefono accrebbe l'imminenza e la rilevanza del futuro immediato, e ne accentuò sia il modo dell'attività che quello dell'aspettativa dipendenti dal fatto che si stesse facendo o ricevendo una telefonata. Una telefonata non è soltanto più immediata di una lettera, ma è più imprevedibile, poiché il telefono può squillare in un qualsiasi momento: è una sorpresa, ed è perciò più dirompente, richiede un'attenzione immediata. Il modo attivo è rafforzato per chi chiama, che senza il protrarsi del ritardo della comunicazione scritta può fare accadere le cose immediatamente, mentre l'effetto invadente dello squillare aumenta il modo dell'aspettativa per il ricevente, costringendolo a fermarsi e a rispondere, qualunque cosa stia facendo: è sospinto in un ruolo passivo, poiché chi chiama può prepararsi per la conversazione e dominarla fin dall'inizio."

Ciò che mi preme sottolineare, prendendo a mia volta spunto da tali riflessioni, è non tanto l'impatto dell'innovazione tecnologica sulla fluttuazione tra le due modalità di percepire il futuro, quanto soprattutto la sua influenza più generale sull'apparato percettivo e, in particolare, sul cervello. Come ha insegnato Marshall McLuhan, e come appare sempre più evidentemente grazie alle più recenti scoperte nell'ambito della ricerca neuroscientifica, il tema della plasticità cerebrale è forse quello maggiormente ricco di suggestioni per ciò che concerne l'analisi del legame tra le trasformazioni tecnologiche e quelle riguardanti l'idea di futuro.

Prima di approfondire questo tema, mi vorrei tuttavia soffermare ancora su alcune elaborazioni teoriche relative alle trasformazioni dell'idea di futuro emerse a seguito delle rivoluzionarie innovazioni tecnologiche del periodo analizzato da Kern. Nel 1902, in quello che può essere considerato un vero e proprio manifesto di futurologia, Herbert George Wells distingueva due tipi di atteggiamento mentale nei confronti del futuro molto simili a quelli teorizzati da Minkowski:

... il primo è retrospettivo, una mente legale o

sottomessa, che cerca i precedenti per decidere come regolarsi con il futuro. L'altro è il tipo creativo o organizzativo, che attacca l'ordine stabilito: esso è nella disposizione attiva di pensiero, mentre il primo è nella passiva".

L'epoca moderna appariva a Wells come un'epoca in cui il futuro cominciava ad apparire sempre più come una possibile fonte di valori e guida per l'azione:

Fino al 1902, la visione del futuro di Wells era piena di catastrofi e degenerazioni; in seguito – prevalentemente a seguito di una sempre crescente fiducia nella scienza e nelle innovazioni tecnologiche – cominciò a prevedere un progresso.

Se è innegabile l'espandersi di un atteggiamento fiducioso nei confronti dell'idea di futuro come progresso, va altresì notato l'emergere parallelo di un atteggiamento teorico più attento alla particolarità di alcune caratteristiche dell'esperienza umana: Henri Bergson – primo tra tutti – sosteneva ad esempio, in quello stesso periodo, che mentre la scienza si sforzava di controllare il futuro e di orientarlo attraverso leggi previsionali, dimenticava d'altro canto la sostanziale *incertezza* degli eventi che caratterizzano lo specifico dell'esperienza umana, costituita prevalentemente da una catena più o meno probabile di eventi nel tempo.
Una delle metafore più illuminanti per chiarire il pensiero di Bergson a tal proposito, lo ritroviamo nelle pagine iniziali del suo *L'evoluzione creatrice* (2022), che credo possa essere

considerata una delle più magistrali lezioni di fenomenologia della temporalità:

> Se desidero preparare un bicchier d'acqua zuccherata, per quanti tentativi faccia, devo attendere fino a che lo zucchero si scioglie. Questo piccolo fatto è di grande importanza. Il tempo che devo attendere – sottolinea Bergson – non è lo stesso tempo dell'intervallo che può essere matematicamente misurato, poiché quest'intervallo è completato prima che la misurazione sia fatta ed è perciò differente da ciò che nel frattempo io vivo. Il tempo come io lo vivo coincide con la mia impazienza; quell'attesa costituisce la sua essenza ed assicura la mia libertà: senza di essa, il futuro si schiude come qualcosa di già conosciuto, e noi siamo imprigionati nel determinismo (Bergson 2022).

2. Incertezza e divenire: Il cervello e la morte

L'importanza di quell'*incertezza* che caratterizza il nostro rapporto con il futuro, così brillantemente richiamata da Bergson, costituisce a mio avviso il punto di partenza essenziale di un possibile dialogo tra neuroscienze, filosofie della scienza e senso comune.

Se una certezza accomuna l'uomo della strada al più razionale degli scienziati, è infatti quella relativa all'inevitabilità della morte. Solo l'approccio dei filosofi esistenzialisti (e neanche tutti) – che io sappia – ha accettato di fondare le sue analisi partendo da questa banale evidenza, dando così vita ad una vera e propria teoria dell'assurdo proprio a partire dalla constatazione dell'*irrealtà* del futuro e, dunque, dell'assoluta mancanza di senso dell'idea di un "divenire".

Lasciando comunque da parte il delicato dibattito esistenzialista, se scienza e senso comune risolvono il paradosso attraverso molteplici strategie collettive di "mimesis", se non di una vera e propria radicale "rimozione" della morte, l'evoluzione sembrerebbe aver creato uno strumento assolutamente geniale per produrre – nonostante le evidenze della "realtà" esistenziale – una realtà parallela, la "realtà" del futuro. Tale strumento è il cervello umano.

Senza volerci addentrare in complesse questioni riguardanti la neurobiologia del nostro sistema nervoso, può essere sufficiente notare come ci sia una significativa convergenza, da parte di molti eminenti studiosi, nel definire il cervello umano una sorta di "macchina del tempo", uno strumento che non soltanto misura il tempo e prevede il futuro, ma ci permette anche di proiettarci in un divenire.

Se ci chiediamo il motivo per cui molti mammiferi – e soprattutto gli umani – abbiano sviluppato un tale organo, affiancandogli nel corso dei millenni complesse organizzazioni sociali sempre più stabili e strutturate (le istituzioni sociali), troviamo in molte teorie neoevoluzioniste delle suggestive tracce che rinviano ancora una volta al timore antropologico per l'incertezza, mitigato da complessi processi di elaborazione sociale dell'idea di futuro.

Il cervello è un organo (o, se vogliamo, uno strumento) terrorizzato dall'incertezza. La sua evoluzione è stata determinata dalla capacità di prevedere.

L'incertezza è il problema per la cui soluzione il nostro cervello si è evoluto. L'incertezza, come sappiamo, è anche il problema per la cui soluzione le società umane si sono a loro volta evolute.

La soluzione del problema dell'incertezza può essere dunque considerato il principio unificante che permea l'evoluzione biologica e sociale che ha caratterizzato la storia degli esseri umani.

D'altra parte, si può facilmente riconoscere come l'incertezza sia anche una condizione del tutto familiare per noi esseri umani. Non c'è nulla di inquietante in essa: noi viviamo abitualmente nell'incertezza. Non sappiamo cosa ci succederà domani. Non sappiamo neppure che tempo farà domani. Non sappiamo cosa davvero pensano le persone che amiamo. Non sappiamo come guarire neppure i raffreddori.

> Io penso – sostiene Carlo Rovelli – che i più grossi errori tanto pratici che filosofici che ha sempre fatto l'umanità siano sempre stati legati a un'assurda pretesa di trovare certezze. Le quali certezze vengono poi regolarmente gettate a mare in meno di una generazione. Io trovo che la certezza sia noiosa. L'incertezza è la bellezza della vita. Incertezza non vuol dire che non sappiamo nulla o che siamo nella totale oscurità. Sappiamo un sacco di cose e il nostro sapere è ragionevolmente affidabile. *Fra la certezza e la completa oscurità c'è un prezioso spazio intermedio, che è quello dove si svolge la nostra vita* (Biolzi 2022, corsivo mio).

Ricollegandoci alle questioni sollevate dal Kern, bisogna inoltre riconoscere che, di fronte ad innovazioni tecnologiche (e qui mi riferisco ovviamente anche a quelle più recenti) che producono un mondo sempre più interconnesso, l'interdipendenza e – di conseguenza – l'imprevedibilità e l'incertezza nei comportamenti individuali e collettivi, sono sempre più presenti, incidendo in maniera decisiva e non facilmente controllabile sul rapporto tra i due diversi modi di rapportarsi al futuro individuati da Minkowski.

Il compito dei processi di socializzazione (quello di plasmare – attraverso l'imposizione di regole relative a contesti sempre più rigidi – cervelli i cui automatismi biologici si associno ad automatismi sociali e tecnologici) sta diventando sempre più complicato. Il suo fine – ridurre l'incertezza e creare automatismi e *routines* che svolgano la funzione altrimenti delegate, in altre specie viventi, agli impulsi – appare sempre più compromesso. Proporre alternative nei modi di percepire la "realtà", prevedere la possibilità di "vedere diversamente" e creare soluzioni differenti agli stessi problemi, costituisce un grande valore evolutivo; il nostro cervello, d'altra parte, non si è evoluto per vedere-percepire "meglio" o con più accuratezza l'ambiente circostante, ma semplicemente per sopravvivere. Il programma che ha plasmato il nostro cervello si chiama *Evoluzione*.

Sono le esperienze a fornire al cervello quel repertorio storico di feedback (azione-reazione a situazioni, interazioni, relazioni con gli altri, l'ambiente, le cose) che scolpisce la sua particolare architettura neurale. Dato che i neuroni e la struttura della rete neuronale sono in continua evoluzione, e costituiscono la base a partire da cui noi prendiamo decisioni in relazione al nostro *futuro*, possiamo affermare di essere letteralmente plasmati da tale processo, non dimenticando il ruolo decisivo giocato dalle tecnologie in tale processo.

3. Le neuroscienze esistenziali e la questione del "senso" del futuro

Pur consapevole delle insidie legate a interpretazioni tendenzialmente troppo deterministiche, mi è tuttavia inevitabile richiamare l'attenzione su alcune questioni riguardanti il peso della biologia nel rapporto tra organismi e tecnologie, in particolare per quegli aspetti che si collocano alle origini del processo di costruzione del *senso* del *futuro* negli esseri umani.

Tutti gli organismi viventi, come sappiamo, mettono in atto strategie per sopravvivere e riprodursi che si fondano principalmente sulla loro capacità di trarre informazioni dall'ambiente circostante e utilizzarle per accedere alle fonti di energie più adatte al loro organismo. Lo strumento principale di cui gli animali superiori dispongono, e che si è via via venuto sviluppando nel corso dell'evoluzione, è appunto il *cervello*.

Quando un macaco esplora l'ambiente circostante alla ricerca di nutrimento per il suo organismo, i suoi movimenti seguono evidentemente degli schemi di condotta in gran parte appresi da altri membri adulti del suo gruppo, a partire dalla madre stessa, primo agente socializzatore per eccellenza di ogni mammifero.

Nel momento in cui, dopo aver esaminato e scandagliato tra gli alberi e le foglie attraverso i suoi organi percettivi, il nostro macaco scopre della frutta ed inizia a mangiarla, egli prova "piacere". Tale emozione piacevole è causata da una molecola – la famosa *dopamina* – che viene rilasciata nel fondo del suo cervello, in una struttura nervosa chiamata *stratium*. Il macaco assocerà nella sua memoria le esperienze vissute (il percorso seguito, gli odori, le immagini visive, i rumori, etc.) in tale processo di ricerca con questa emozione piacevole.

Nel suo cervello la dopamina giocherà un ruolo di collante e di rinforzo di quelle connessioni che avranno legato tra loro i neuroni che avevano partecipato a questa sequenza di azioni. Tali circuiti neuronali, così rinforzati, imprimeranno in lui un primo "ricordo" di quel contesto che, segnalando la probabile presenza di cibo, lo aiuterà a sopravvivere.

La volta successiva, quando il macaco farà ritorno in quello stesso contesto (o in un ambiente simile), e ritroverà la stessa combinazione di stimoli percettivi (visivi, uditivi, olfattivi, tattili), si verificherà *un evento di importanza determinante* per il suo eventuale successo evolutivo: *la dopamina verrà rilasciata in anticipo rispetto al soddisfacimento del suo bisogno di nutrimento.*

Il rilascio della molecola si produrrà, infatti, nel momento stesso in cui egli percepirà gli elementi in questione, ben prima, cioè, della scoperta del cibo. Il che equivale a dire che lo stimolo che scatenerà la sua risposta emotiva piacevole sarà generato *prima* che l'animale cominci a cibarsi.

In altri termini, ci troviamo di fronte a una *previsione* prodotta dal suo cervello rispetto a ciò che si sta per verificare.

Il motivo per cui si verifica una tale previsione è evidente: essa doterà l'organismo portatore di quello strumento predittivo (il *cervello* in quanto tale) di un vantaggio evolutivo notevolissimo; un meccanismo che aumenterà a dismisura le sue possibilità di sopravvivenza.

Nel momento in cui un essere vivente sarà in grado di

prevedere ciò che sta per accadere a partire dal presente che egli percepisce nell'ambiente circostante, il suo potere decisionale di *controllo* si moltiplicherà a dismisura. L'animale ricercherà le situazioni potenzialmente più vantaggiose ed eviterà quelle più pericolose. Egli disporrà di un "tempo" di *anticipazione* sulla "realtà".

La *previsione* gli consentirà il *controllo*.

E il cervello degli animali superiori ha maturato evolutivamente uno strumento predittivo straordinario che gli consentirà di poter stabilire dei legami tra lo stato di un contesto in un determinato momento, e lo stato di quello stesso contesto in un momento successivo. Tale legame – secondo una originale definizione di Sébastien Bohler – costituisce *la base neurobiologica di quello che, negli esseri umani, verrà definito "il senso"*. Il concetto di "senso" presente in ogni cultura sarà sempre riconducibile (indipendentemente dalle diverse declinazioni che potrà assumere), a un tale meccanismo di *previsione* e di *controllo*.

Immaginiamo un bambino inserito nell'ambito di un normale processo di socializzazione primaria. Fin dalle primissime interazioni con i suoi socializzatori, o con altri membri del suo gruppo familiare, egli vedrà premiati determinati comportamenti adattativi. Quando, ad esempio, il bambino non metterà le mani direttamente nel piatto in cui è depositato il suo cibo e comincerà invece ad utilizzare il suo piccolo cucchiaio con l'aiuto della madre, egli riceverà degli incoraggiamenti a ripetere tali condotte (un sorriso, una carezza, un gesto di apprezzamento, parole dolci, un piccolo regalino). In quelle occasioni il suo cervello rilascerà, dal profondo del suo *stratium*, la sua dose di dopamina. Successivamente, tale dopamina comincerà ad essere rilasciata *in anticipo* – ad esempio già nel momento in cui la madre tirerà fuori dal cassetto il cucchiaio e lui tenderà la mano per mostrare di volerlo afferrare. E lo stesso processo si verificherà quando, in età successive, il bambino sarà stato bravo a fare i compiti ed avrà ottenuto un buon voto a scuola. In tal caso il suo cervello farà la seguente *previsione*: "se sarò educato e farò bene i miei compiti, proverò un'emozione piacevole". Tale capacità di *previsione* diventerà sempre più un comportamento adattativo positivo: il bambino avrà selezionato in anticipo quei comportamenti conformi alle aspettative che gli faranno guadagnare la stima e l'affetto nell'ambito del suo contesto sociale. In seguito, eventualmente, ciò potrà condurlo al successo (relativo) nell'ambito del suo ambiente professionale.

In termini più generali, ciò significa che il bambino avrà cominciato ad affinare gli strumenti che gli consentiranno di controllare il suo ambiente grazie alla capacità di creare un "senso" valorizzato positivamente tra i suoi cari e nella sua società. Per lui, la società comincerà ad acquisire un *senso*: egli saprà che potrà essere accettato ed avere successo se sarà in grado di rispettare delle regole, degli schemi comportamentali, dei codici di interpretazione e comunicazione sociale. La sua società sarà sempre meno un'accozzaglia caotica di individui e sempre più un sistema strutturato dotato di un ordine intelligibile. Tutto ciò risulterà essere profondamente rassicurante, anche e soprattutto (almeno agli inizi), in termini neurobiologici.

4. L'anticipazione del "tempo"

A un livello ancora più ampio, gli esseri umani hanno bisogno di infondere un *senso* al funzionamento stesso del mondo nel suo complesso. Lo dimostrano gli enormi sforzi, di carattere sia mitologico (narrativo) sia rituale (schemi di azione stabili e ripetibili) che hanno accompagnato i processi di costruzione sociale della realtà in tutte le più importanti tradizioni culturali di cui serbiamo memoria: sia che si parli di sacerdoti-indovini-stregoni, sia che si parli di previsioni basate su complessi calcoli algoritmici (come una banale app sul meteo), il rilascio di dopamina "prima" che gli avvenimenti (la pioggia o il sole, ad esempio) si verifichino nella "realtà", costituisce uno strumento chiave alla base di ogni organizzazione sociale complessa. Si tratta, in ogni caso, di iscrivere le proprie azioni nel "tempo" e di riuscire a individuare delle connessioni tra ciò che sta accadendo nel presente vissuto (il tempo t1) e ciò che accadrà domani (o in un altro tempo successivo t2), costruendo così dei veri e propri *ponti* in grado di unire gli avvenimenti che si producono nell'ambiente circostante.

Tale prodigioso meccanismo costituisce il nostro strumento di decodificazione del mondo e di previsione degli avvenimenti secondo delle regole prevedibili (ad esempio l'idea di un Cosmo governato da leggi o regole più o meno modificabili).

Immaginiamo i primi agricoltori intenti a scrutare i segni della natura, del cielo e delle piante: dal momento in cui alcuni di essi intuiranno che si verificherà una pioggia qualche giorno dopo aver osservato la presenza di certe nuvole formarsi al di sopra di una collina in lontananza, la dopamina che era stata in origine rilasciata nel momento di una benefattrice pioggia precedente, comincerà ad agire in anticipo sui tempi, nel momento stesso in cui essi cominceranno ad osservare la formazione di quelle strane nuvole in lontananza.

In altri termini, i loro cervelli *prevedranno* che pioverà. Il vantaggio è evidente, oltre che socialmente decisivo: diventerà possibile assumere delle disposizioni per anticipare un buon raccolto, reclutare un maggior numero di persone per seminare (o raccogliere), prendere delle precauzioni (mettere al riparo i più deboli, ad esempio i neonati).

Il livello di controllo di questi individui sul loro ambiente sarà notevolmente aumentato. E, al contempo, aumenterà un sentimento diffuso di *ordine* della natura: esistono delle stesse cause che producono degli stessi effetti. Comprendere e prevedere un determinato "ordine degli eventi" diventerà uno strumento essenziale per poter *ridurre l'incertezza*.

Il nostro bisogno di previsione e controllo, così come la ricerca del piacere associato all'individuazione di un tale schema di controllo degli eventi, è così forte che molto spesso, in molte culture, ci si sforza di trovare dei legami tra eventi che si verificano nel nostro ambiente anche laddove questi non si presentino affatto: la prossima volta che il cacciatore indosserà quella determinata collana di denti di bisonte, si verificherà una scarica di dopamina simile (e anticipata) a quella che si verificherebbe nell'eventualità di riuscire a catturare "realmente" un bisonte di grandi dimensioni. Il cacciatore si sentirà pertanto più fiducioso nel successo della sua impresa futura. Oggi parliamo di amuleti e superstizioni.

La questione più importante da sottolineare, però, resta quella legata al *sistema di anticipazione e previsione*. La sua fondamentale funzione è quella di *ridurre il sentimento d'incertezza*, procurando così un notevole vantaggio nella lotta per la sopravvivenza: la capacità di associare dei segnali a degli avvenimenti che li seguiranno nel tempo, ha decisamente favorito la sopravvivenza di coloro che ne erano dotati. In termini neurobiologici, ciò fa ipotizzare che una parte del nostro cervello si sia probabilmente evoluta per adempiere a una tale funzione. Identificare quale sia questa parte potrebbe essere particolarmente importante per comprendere il funzionamento di questo aspetto dell'attribuzione di senso e significato alla nostra esistenza.

5. Ansia, angoscia e imprevedibilità

Bisogna sottolineare che quando il legame tra previsione e realizzazione degli eventi previsti si verifica, si manifesta anche un'importante reazione antistress. Il cacciatore persuaso che il suo amuleto gli consentirà di catturare la preda, o che certi gesti rituali diminuiranno il rischio di morire durante l'impresa (infatti aveva seguito pedissequamente i gesti scaramantici l'ultima volta e non era morto…!), avrà un atteggiamento molto più fiducioso e predisposto al successo. In tutte le civiltà, d'altra parte, i rituali rivestono uno stesso ruolo tranquillizzante e rassicurante. *Osservare, prevedere e anticipare gli avvenimenti futuri, diminuisce l'angoscia: tutto questo ha molto a che vedere con le questioni legate al "senso" in termini più propriamente esistenziali.*

Oggi, grazie alla ricerca neuroscientifica, siamo in grado di sapere cosa accade nel cervello di un mammifero superiore quando una previsione non si realizza. All'interno di una piccola piega della corteccia cerebrale collegata allo *striatum,* e situata nella regione superiore della superficie mediale dei lobi frontali, sopra il corpo calloso che unisce i due emisferi cerebrali, c'è un'area identificata con il nome di *corteccia cingolata anteriore.* Tale corteccia si attiva nel momento in cui le aspettative relative a un evento vengono disattese. Ad esempio, se una scimmia è messa in condizione di prevedere l'ottenimento di un frutto (ad esempio ha eseguito un compito assegnatogli in modo corretto) e tale aspettativa viene disattesa, quell'area della corteccia si illuminerà. E lo stesso accade se la scimmia non si aspetta alcuna ricompensa ma, contrariamente a tale aspettativa, riceverà un premio.

In laboratorio, l'attività di quest'area cerebrale può essere osservata in diversi modi, che evidenziano con chiarezza, anche negli esseri umani, l'esistenza di una sorta di "potenziale di segnalazione d'errore". In altri termini, quando il risultato di un evento atteso viene confermato, l'attività di quest'area è praticamente nulla, come se non fosse presente nessun segnale d'allarme. Se però il risultato *non* è conforme alle previsioni, la corteccia cingolata emette un evidente segnale (un segnale d'errore di previsione, appunto). Tale fenomeno giunge al suo culmine in quelle situazioni di grande incertezza, quando diventa impossibile prevedere l'esito di un evento: in questi casi la corteccia cingolata non cessa di emettere segnali. L'individuo non riesce infatti a percepire alcun ordine negli eventi (nessuna connessione causa-effetto) ed è continuamente in uno stato d'allerta, alla ricerca di ogni minimo cambiamento o indizio, in una condizione di stress crescente, senza capire in che modo poter reagire.

Qual è la conseguenza del segnale d'errore nella nostra vita quotidiana?

In genere noi trascorriamo gran parte delle nostre giornate ad elaborare – in modo più o meno consapevole – delle aspettative su ciò che ci accadrà... "tra poco", "domani", "tra un mese", "tra un anno" o... "quando andrò in pensione...".

Quando la massaia si reca al mercato per le spese, prevede ciò che cucinerà a pranzo; il ragazzo sui banchi di scuola, prevede cosa farà in serata, cosa farà durante il periodo di vacanze, cosa farà quando si sarà diplomato, o laureato. Quando l'impiegato arriva in ufficio, si aspetta di incontrare i volti noti dei suoi colleghi, la scrivania con il suo computer, il distributore automatico del caffè nel corridoio. Se incontrerà un collega seduto alla sua scrivania, o il distributore del caffè si tratterrà la moneta senza erogare il caffè, la corteccia cingolata anteriore del nostro impiegato invierà immediatamente un allarmante *segnale d'errore di previsione*. Se troverà il computer acceso, essendo certo di averlo accuratamente spento prima di andar via, ecco che riceverà ancora lo stesso segnale d'allarme da parte del suo sistema di controllo organico: *violazione delle aspettative*. Fino a quando tali violazioni dell'ordine previsto saranno relativamente rare, il sistema nervoso si adatterà agevolmente; la situazione continuerà a restare "sotto controllo". Se però gli errori di previsione diventeranno troppi, sarà sempre più difficile per l'individuo in questione riorganizzarsi, fin quando finirà per sentirsi assalito dall'angosciante dubbio di vivere in una incontrollabile condizione di caos e precarietà.

Vivere a lungo in simili situazioni di incertezza può condurre un organismo a stati di grande stress: la corteccia cingolata attiverà un circuito nervoso a molteplici nodi che discenderà fino a raggiungere un centro cerebrale coinvolto con le emozioni legate alla paura e all'angoscia – *l'amigdala* – e da lì proseguirà fino a raggiungere nuclei del tronco cerebrale in grado di rilasciare ormoni quali il *cortisolo* o la *noradrenalina*, il cui effetto sarà principalmente quello di predisporre l'organismo alla fuga o alla paralisi, provocando un'angoscia che ben si potrebbe definire di tipo *esistenziale*.

Tra le conseguenze finora studiate e scientificamente correlate al raggiungimento di una tale condizione organica, troviamo l'emergere di problematiche patologiche che vanno, ad esempio, dall'insonnia alla depressione, passando per disturbi (più o meno accentuati) da stati d'ansia, perdita di memoria, malattie cardiovascolari, diabete.

Ciò che tali esperienze suggeriscono, da un punto di vista più generale, è che la corteccia cingolata anteriore sembra giocare un ruolo determinante nel segnalare un errore che ci avverte che il mondo potrebbe non avere un *senso* per noi decifrabile. Si tratta di importanti dati di congiunzione tra fenomeni di carattere organico-anatomico e riflessioni relative al *senso* e al significato della nostra condizione esistenziale: dal momento in cui il grado di ordine e di organizzazione nel nostro ambiente comincia a calare, questa parte profonda del nostro cervello ci avvisa del probabile pericolo per la nostra stessa sopravvivenza. Nelle società relativamente stabili, in cui gli ambienti di lavoro, le strutture familiari e dei rapporti interpersonali non cambiano in modo repentino, imprevedibile e arbitrario, la corteccia cingolata costituisce un fattore di adattamento assai efficace. Quando, però, tali strutture di protezione si modificano in modo troppo accelerato e inatteso, lasciando l'individuo in preda al dubbio e all'incertezza, quello stesso sistema interno al cervello può spalancare le porte al sopraggiungere del caos, dell'inquietudine e dell'angoscia esistenziale.

6. Divenire, dover essere

Riassumendo un discorso difficilmente schematizzabile e certamente *in divenire*, ritengo sia opportuno ribadire alcune questioni conclusive. Soprattutto vorrei richiamare l'attenzione sull'enorme difficoltà di ogni impresa teorica che si proponga di mantenere vivo un dialogo tra quelle che, per comodità, definiamo ancora scienze *hard* e *soft*. Se è vero, come ho provato a descrivere, che ogni tentativo di trovare una relazione di causa diretta tra innovazioni tecnologiche e mutamenti in ambito sociale e psichico, è destinata a scontrarsi con inevitabili problemi legati alla complessità della "natura" umana, l'unica possibilità di far progredire la conoscenza in alcuni settori della ricerca scientifica è quella di sforzarsi di accrescere il dialogo di *frontiera* tra le diverse discipline, provando ad evitare timori relativi ad eventuali (per quanto, talvolta, inevitabili) "invasioni di campo" tra discipline.

Come abbiamo notato, riferendoci alla brillante distinzione fenomenologica introdotta da Minkowski, sebbene le innovazioni tecnologiche sembrino a volte stimolare una tendenziale crescita delle modalità "attive" di affrontare il futuro, spingendo individui e comunità a programmare il loro divenire al fine di controllarlo e – soprattutto – attribuirgli una direzione, è altrettanto vero che una tale tendenza può anche trasformarsi nel suo opposto, stimolando cioè modalità "passive" di attendere che il futuro si realizzi, in cui cioè ogni eventuale azione di previsione e controllo sembrerebbe destinata al fallimento. L'esempio dell'uso attivo o passivo del telefono o, oggi, dei nuovi media, è un esempio calzante, introducendo una netta distinzione tra chi "produce" l'informazione o i dati (più utili all'adattamento alle diverse, possibili forme di interazione sociale) e chi li "riceve". Altro esempio inesorabilmente attuale potrebbe essere quello delle reazioni "attive" (scientifiche e farmacologiche), ma anche "passive" (negazioniste e no vax), degli individui e delle comunità nei confronti della pandemia, che ricorda gli esempi precedentemente riportati dei soldati asserragliati in trincea o dei passeggeri del Titanic.

L'elemento che rende impossibile individuare nessi diretti di causalità è soprattutto quello *esistenziale*, ovvero la necessità – per chi fa ricerca sul comportamento umano – di dover considerare i modi in cui, collettivamente e individualmente, si tende a fornire un *senso* e un significato alle proprie modalità (dell'attività o dell'attesa) di percepire il divenire, aldilà di ogni possibilità di effettiva o reale capacità di controllo delle circostanze.

Il fatto che le neuroscienze siano oggi in grado di individuare i correlati neurali della produzione di *senso*, ovvero la possibilità di spiegare in termini scientifici le predisposizioni e le spinte organiche stesse che si trovano alla base di questa vera e propria necessità antropologica (controllare il mutamento e conferire ordine e significato al futuro) di attribuire un "senso" al divenire, può a mio avviso essere considerato uno stimolo assai interessante per aprire inesplorati sentieri di ricerca interdisciplinare e fornire spiegazioni non riduzioniste all'analisi delle complesse interazioni tra gli esseri umani

Bibliografia

Biolzi F., *Intervista a Carlo Rovelli*, in "Exăgère", n. 10-11-12, 2022, https://www.exagere.it/vivere-nella-familiare-incertezza-intervista-a-carlo-rovelli/.
Bergson H., *L'evoluzione creatrice*, Raffaello Cortina, Milano, 2022.
Kern S., *Il tempo e lo spazio. La percezione del mondo tra Otto e Novecento*, il Mulino, Bologna, 1988.
Minkowski E., *Il tempo vissuto*, Einaudi, Torino, 2004.

Valerio Pellegrini

Linee evolutive dell'occhio elettronico tra industria e immaginario

Condivisione digitale facile e computer iper-semplificati come gli *smartphone* trasformano il consumatore di oggi in un occhio gettato a osservare il mondo. Le direttive sono sempre le stesse anche cento anni dopo la nascita del cinema: l'acquisizione del reale così com'è ovvero una lettura tecno-scientifica; e l'intrattenimento audiovisivo legato al bisogno di elaborare una lettura estetica del reale attraverso metafore, racconti, desideri esibiti o nascosti. Sensori e schermi di tutte le misure contribuiscono al dilagare di queste immagini in ogni interstizio della routine giornaliera. La diffusione della realtà aumentata afferma ulteriormente l'attitudine umana ad apporre strati di informazione e di simulazione tra l'occhio biologico e l'universo. A partire dagli anni Sessanta del Novecento, cioè grosso modo con la diffusione capillare dei televisori nel mondo occidentale, l'immaginario popolare ha cominciato a narrare le influenze della tecnica sul nostro modo di vedere il mondo. Prendiamo alcune di queste narrazioni che meglio di altre illustrano le problematicità del rapporto tra i nostri occhi, i mercati, le tecnologie e il mondo.

1. Zoomate analogiche e digitali

Il 22 novembre del 1963 è il giorno dell'attentato alla vita del presidente americano John F. Kennedy ed è il giorno in cui per la prima volta nella storia un filmino amatoriale diventa una delle principali fonti di informazione riguardante un evento di portata planetaria. Le riprese del videoamatore Abraham Zapruder che catturano il macabro e fatidico momento della morte di JFK costituiscono il prototipo di tutti i video realizzati da persone qualsiasi in circostanze straordinarie. Ricercatissimi dal giornalismo televisivo contemporaneo, sono dei nodi cruciali della comunicazione pubblica in grado di esercitare una certa influenza sul sentire comune.

Certo, oggi gli *smartphone* sono occhi puntati ovunque e, rispetto al 1963, risulta notevolmente superiore la probabilità che una persona catturi una calamità o un incidente di rilievo pubblico, magari trasmettendolo in diretta. Ma resta il sottile fascino esercitato da immagini sfocate, grossolane e sgranate che assumono uno statuto documentario speciale in quanto sganciate dai canali di produzione e consumo ordinari, dal recinto delle audiovisioni *mainstream*. L'immaginazione narrativa e il complottismo di marca occidentale sono ghiotte di questi eventi audiovisivi inattesi.

Il video di Zapruder diventa un mito tecnologico del Novecento anche perché segna lo storico incontro tra l'esplosione delle possibilità conoscitive offerte dalla televisione e la parallela diffusione di massa di cineprese quali la 8 millimetri Bell & Howell Zoomatic, quella appunto utilizzata da Zapruder. Comincia l'era in cui, grazie alla tecnologia, le persone comuni reclamano modalità sempre più dirette e senza filtri nel dare un contributo al dibattito pubblico.

A distanza di decenni qualcosa è cambiato ulteriormente: la

fotocamera dello *smartphone* non è progettata per la semplice cattura delle immagini: tramite le reti digitali essa diventa il punto di partenza per un dialogo tra l'individuo e il mondo. Con *Blade Runner* (1982) il regista Ridley Scott sembra intuire la direzione del ciclo vedere-sentire-ricordare potenziato dalla tecnologia. Scott trae ispirazione dalla fantasia di Philip K. Dick, grande perturbatore del senso di realtà, per sviluppare una riflessione contestualizzata all'anno di realizzazione del film ovvero il 1982. Siamo all'apertura di un decennio caratterizzato dall'affermazione della cultura audiovisiva e dall'alba della rivoluzione digitale con la diffusione dei *personal computer*. Nell'epoca d'oro di nuovi linguaggi audiovisivi quali *videoclip* musicali e *spot* pubblicitari, Scott è stato tra i primi visionari a sviluppare i suoi personaggi fuori dal recinto della cultura alfabetica e mettendo al centro di ogni percorso il senso della vista. Nel film di Scott, il famoso monologo "Ho visto cose" recitato dal replicante Roy Batty colpisce perché l'essere artificiale si addolora non tanto di morire, quanto di non poter più vedere "... i raggi B balenare nel buio vicino alle porte di Tannhäuser". Una macchina antropomorfa si lamenta di non poter più catturare e memorizzare momenti che andranno dunque perduti come "lacrime nella pioggia".

I dubbi di Philip K. Dick sulla consistenza del reale vengono traslati da Ridley Scott sul piano della validazione degli strumenti tecnologici che usiamo per vedere e ricordare. In *Blade Runner* i replicanti tendono a stringere una relazione quasi morbosa con il senso della vista e con le memorie. Roy, Leon, Rachel e tutti gli altri replicanti sono umani quanto noi che collezioniamo memorie fotografiche e che ci affanniamo a registrare quanto più è possibile solo perché si può fare ed è facile farlo, rimandando l'uso e la razionalizzazione di un archivio ragionato a un futuro molto indeterminato e con modalità alquanto incerte. Una fotografia in particolare colpisce l'investigatore Deckard, cacciatore di androidi. Nella scena dell'analisi fotografica concepita da Ridley Scott insieme a Douglas Trumbull, leggendario supervisore agli effetti visivi, il computer chiamato Esper permette a Deckard di sbloccare l'indagine. L'inquadratura sembra imperfetta, umana, realizzata da uno Zapruder che passava di lì. Il soggetto è seduto a un tavolo in un interno, inquadrato male, in penombra, tenendo al centro del *frame* dettagli insignificanti. Estetica amatoriale che ignora standard compositivi e calcoli geometrici. Ma Deckard utilizza Esper con disinvoltura e ripone la massima fiducia in quei calcoli che il computer esegue per ricostruire i dettagli nascosti. Grazie alla magia dell'ingrandimento digitale, il poliziotto nota lo specchio sulla parete in fondo a una stanza adiacente. Il gioco di prospettive sposta il *focus* da una stanza all'altra e richiama la composizione del quadro *Ritratto dei coniugi Arnolfini* realizzato nel 1434 dal pittore olandese Jan van Eyck. L'artista apre uno squarcio nel *continuum* collocando all'interno di uno specchio analogo l'immagine di se stesso. Qualcosa del genere viene svelata dall'occhio elettronico di Esper che riesce a ricostruire un'ulteriore presenza nella stanza, immaginando il fuori campo. Qui i differenti piani della visione sono organici a quel presentimento dei differenti piani della realtà di cui parlano praticamente tutti i libri di Philip K. Dick.

La magia della zoomata tramite Esper inaugura uno standard

nelle produzioni audiovisive: da *Blade Runner* in poi diventa incalcolabile il numero di scene in cui una fotografia sgranata e/o stropicciata diventa indizio cruciale per una investigazione. Il computer risolve i dubbi aggrappandosi ai pochi, problematici puntini di immagine disponibili. Siamo giunti al sogno dei feticisti del video di Zapruder: finalmente è possibile viaggiare nel tempo e mettersi al centro della scena di un delitto, ricostruire l'angolazione dei proiettili, sapere come è andata davvero.

Deckard accetta l'idea che un'intelligenza artificiale ricostruisca i vuoti, le parti perdute di uno spazio-tempo remoto e passato. Visioni assunte come prove o come realtà, che andrebbero invece analizzate e decostruite, lentamente, strato dopo strato. Si rischia di dimenticare che i pixel ricostruiti sono, in fondo, una simulazione e che questa intrattiene, nella migliore delle ipotesi, solo un legame probabilistico con la realtà dei fatti. Ma l'uomo tecnologico non ha tempo per mettersi a discutere del valore dei suoi strumenti. Il pittore olandese che si colloca nel suo quadro finisce con l'affermare una sostanziale identità tra l'essere e ciò che viene visto. E noi siamo ciò che vediamo indipendentemente dal fatto che ciò che vediamo sia reale o meno. L'inquadratura dell'occhio-specchio che apre *Blade Runner* propone una fondamentale ambiguità: vedere coincide con l'essere perché l'occhio, più di qualsiasi altro organo umano, si lega inestricabilmente al concetto di identità scalzando le altre fonti percettive.

La zoomata digitale assistita da Esper è coerente con gli sviluppi di macchine da presa sempre più sofisticate nel catturare la realtà scavalcando i limiti dell'occhio biologico. In effetti, sin

177

dalla cinepresa utilizzata da Zapruder, una delle prime 8 millimetri a consentire lo zoom, l'ingrandimento ottico dell'immagine sembra una espressione molto evidente della volontà umana di potenziare il proprio sguardo. Movimenti di macchina da presa su carrelli mobili, *steadycam* e animazioni in computer grafica condividono il senso di libertà offerto dalla zoomata, il desiderio di avere un occhio bionico, estremamente mobile, potenzialmente ubiquo.

Con il film *2001: Odissea nello spazio* (1968), il visionario Stanley Kubrick ha segnato tutta la storia dei film a venire basati sull'apporto degli effetti speciali visivi, compreso i luna park di George Lucas e Steven Spielberg. La lunga scena del *trip* astronautico è una pietra miliare nella storia del racconto per immagini sonore e deve molto all'apporto di Douglas Trumbull, supervisore agli effetti speciali. Si tratta di un lungo e poderoso movimento di macchina in avanti che rappresenta una primaria fonte di ispirazione per tutte le successive sequenze di volo in *computer grafica*. L'occhio messo in scena da Kubrick e Trumbull si tuffa in colori, forme astratte, geometrie organiche e inorganiche, liquidi che si sciolgono in altri liquidi ricordando nebulose, galassie, fluidi umani. E ancora rocce, fiumi, deserti e oceani dai colori alieni che si contendono la superficie ancora innocente di pianeti appena nati per decidere se e come far nascere la vita. Verso l'infinito e oltre, solcando oceani di conoscenza fino a lanciare il proprio occhio oltre la banalità burocratica del quotidiano e i limiti del corpo biologico. Tutto viene sorvolato e abbracciato dall'inquadratura fluttuante dell'occhio-macchina-psiche.

Il film di Kubrick ha mostrato, nel 1968, nuove possibilità

espressive, a cominciare dalla liberazione dello sguardo dal corpo di un operatore, rilanciando l'idea di una inquadratura che non è più soggettiva in senso stretto, ma neanche del tutto oggettiva o neutrale. Qui ci sono le basi tecniche per la vertigine dell'animazione digitale e dei movimenti di macchina computerizzati. Dal volo di *Superman* (Donner 1978) alla bicicletta di Elliot in *E.T. l'extraterrestre* (Spielberg 1982), fino all'immersione dell'occhio subacqueo e meta-storico visto nel *Titanic* (1997) di James Cameron. Per non parlare dei primi videogiochi con grafica vettoriale che si sono evoluti negli attuali runner tridimensionali mozzafiato che impazzano sui telefonini. Curioso e significativo come Stanley Kubrick, considerato quasi universalmente come uno dei più importanti e influenti registi della storia del cinema, abbia vinto un solo premio Oscar: nel 1969 per gli effetti speciali di *2001: Odissea nello spazio*.

2. Interfacce, realtà aumentate e videogiochi

Oggi le telecomunicazioni e l'informatica tendono a semplificare in forma di funzioni e indici numerici il mondo intero. Quasi sempre le immagini e i video sono contenuti fruiti tramite un'interfaccia digitale che diventa parte integrante del contenuto stesso pur distinguendosi per il fatto che il suo scopo primario non è l'osservazione o la contemplazione del flusso informativo ma la parte operativa. Più precisamente l'interfaccia grafica serve a coadiuvare l'operatività semplificando i dati provenienti dal mondo e riducendo all'essenziale le funzioni attivabili. Abbiamo accolto icone e sovraimpressioni nella nostra routine visiva quotidiana per lasciarci guidare nella comprensione del mondo. In questo modo l'informazione visiva si presenta votata all'operatività adattandosi a un contesto di impulsi informativi continui che restringono gli spazi dell'attenzione umana. Ancora oggi l'etichetta "economia dell'attenzione" pensata dall'economista Herbert A. Simon (cfr. Simon 2019) risulta alquanto calzante rispetto alle dinamiche comunicative.

La "realtà aumentata" incorpora le interfacce e gli strati aggiuntivi di informazione nelle nostre pratiche percettive quotidiane, soprattutto grazie al *mobile computing*. Sovrapponendo in tempo reale icone e dati a ciò che si vede, l'umano è in grado di potenziare la quantità e la qualità della propria percezione.

Da diversi anni ormai colossi *hi-tech* come Google promettono occhiali per la realtà aumentata. Una anticipazione audiovisiva del *concept* è datata 1984 e proviene dalle intuizioni di James Cameron che in *Terminator* (1978) mette in scena la soggettiva del robot assassino sovrapponendo alle immagini *live-action* una serie di elementi grafici che proiettano informazioni dinamiche, presumibilmente in sincronia con quanto inquadrato dagli occhi artificiali. I dispositivi HUD (*Heads Up Display*) promettono di farci fare tutto quello che già facciamo con lo *smartphone* ma senza usare le mani.

Cameron rilancia con *Terminator 2* (1991): il robot, sempre interpretato da Arnold Schwarzenegger, entra completamente nudo in un bar frequentato da motociclisti e camionisti. Il *terminator* comincia a guardarsi intorno scansionando i presenti, per poi farsi consegnare i vestiti da uno dei malcapitati bifolchi. Tutto quello che serve al genere umano per essere all'altezza dei robot è una videocamera integrata all'altezza degli occhi e una connessione a internet per dialogare con le reti di calcolo. In quegli anni, il progresso tecno-scientifico spettacolarizzato da Hollywood, ci ha insegnato che i colori del nostro spettro visibile sono solo uno dei vari livelli percettivi. Le telecamere che scrutano l'infrarosso, ad esempio, rendono evidente uno degli altri livelli percettivi possibili. In generale, la pratica della visualizzazione di mappe di calore è uno stratagemma visivo interessante sul quale ha ricamato molto il film *Predator* (1987), proprio negli anni in cui cominciavano a diffondersi telecamere a circuito chiuso e altre tecnologie per la sorveglianza elettronica. La soggettiva del feroce e apparentemente invincibile predatore alieno è caratterizzata da macchie di colore che denunciano la presenza di calore corporeo e quindi esseri viventi sulla scena eludendo eventuali meccanismi di mimetizzazione da parte dei potenziali bersagli. Nel film di John McTiernan la giungla è uno sfondo contemporaneamente infinito e claustrofobico. La folla di alberi terrorizza la preda per via degli infiniti punti ciechi, ma nello stesso tempo offre anche una possibile via di fuga nel mimetismo tra liane e felci. Nella drammatica incertezza geografica e spaziale, lo spettatore ha una sola certezza scandita dalla tecnologia: il punto di vista della creatura è annunciato da una visuale tecno-scientifica, una interfaccia che propone dati e macchie di colore per capirci qualcosa in quella lussuria biologica.

I prodigi dell'elettronica appaiono irresistibili e indispensabili se visti con gli occhi di fine Novecento. C'è poi una narrazione che dal 2011 ci fa riflettere sul nostro desiderio di vedere sempre meglio e di mettere gli occhi su una realtà troppo "aumentata": la serie tv *Black Mirror*, scritta e ideata da Charlie

Brooker (cfr. Attimonelli e Susca 2020; Tirino e Tramontana 2018). Questa striscia antologica pone spesso il focus su dispositivi elettronici quali visori, lenti a contatto o chip neurali finalizzati al miglioramento del *visus* umano che si vuole aumentato, connesso alle reti e, per questo, virtualmente onnisciente. Ma il sapere troppo può nuocere alla salute in molti modi. La perfezione ottica e la precisione mnemonica rovinano una coppia nell'episodio *Ricordi pericolosi* di *Black Mirror*. Se tutto ciò che si vede diventa immagazzinabile, catalogabile, analizzabile e anche condivisibile, la successiva riproduzione incontrollata o comunque il riutilizzo contro la volontà di uno degli interessati genera asimmetrie, crisi morali e drammi sentimentali. Tendenzialmente poca indulgenza verso gli errori. Persino in una coppia che aveva imparato a far entrare il *playback* audiovisivo delle loro *performance* sessuali migliori nel gioco dell'intimità. Il visore/registratore può essere alternativamente servo o padrone nelle nostre vite. Viviamo in un mondo socio-digitale in cui i dispositivi tecnologici tendono a sovrapporre strati di consapevolezza a tutto ciò che vediamo-viviamo. La perfezione digitale sta lavorando ad avvicinare sempre di più l'atto del vedere all'atto del ricordare.

L'episodio *White Christmas* espande la riflessione di Charlie Brooker sul ciclo visione/memoria alla potenza delle memorie infantili e dei ricordi traumatici. Il plot principale ruota intorno alla misteriosa immagine di un giocattolo di vetro che contiene il modellino di una casetta innevata. La polizia cerca di carpire informazioni dall'avatar di un uomo indagato per omicidio e scava nella memoria artificiale di Joe Potter così come oggi si suol fare esaminando i computer e i tabulati dei telefoni degli indagati.

Le tracce digitali assumono la consistenza virtuale di un corpo in uno spazio sintetico. In *Black Mirror* gli avatar guadagnano il rango di testimoni oculari, pezzetti di una coscienza allargata che assumono la dignità di esseri viventi anche sul piano legale. Sconcerta il sadismo dei poliziotti che, dopo aver ottenuto la confessione, condannano l'avatar a rivivere per sempre le immagini di quella infernale mattina di Natale in cui l'uomo uccide sua figlia in seguito a un raptus. La canzone *I wish it could be Christmas every day* accompagna un'illusione ottica che ricorda un disegno di Escher, un loop percettivo infinito che inchioda la coscienza di Joe agli spazi angusti di quella casetta circondata dalla neve, luogo del delitto e, nello stesso tempo, arma del delitto. La casetta è metafora di una memoria collosa capace di intrappolare le persone in costrutti audiovisivi perfetti. Il ninnolo con la neve dentro è crocevia di ricordi infantili. Proprio come la boccia di vetro e lo slittino posseduti dal cittadino Charles Foster Kane in *Quarto potere* (1941). Per Kane la parola "Rosebud" rappresenta il Natale e la piccola casetta sotto la neve è la dimora fisica di un'infanzia finita troppo presto a causa degli impegni professionali del futuro *tycoon*. Nel capolavoro di Orson Welles il Natale è un piccolo mondo a parte, un intreccio di affetti e ricordi infantili chiusi in uno spazio maneggevole e, almeno mentalmente, facile da riprodurre analogamente alle memorie digitali. Se *Quarto potere* ci spiega il peso delle memorie visive in una psiche esclusivamente biologica, *White Christmas* illustra la complicazione di memorie perfette e reiterabili a piacere o in maniera forzosa. La persistenza dell'immagini dello slittino di Kane esemplifica l'assurdità esistenziale del vivere in bilico tra gli abissi del vuoto e della dimenticanza e gli eccessi del bianco, della neve che abbaglia, di informazioni che, per accumulo, possono diventare rumore o addirittura memoria dolorosa e quindi far perdere l'equilibrio. Vedere e ricordare bene significa, anzitutto, incapacità di dimenticare. Il nero del titolo *Black Mirror* rappresenta la superficie scura dei nostri dispositivi che catturano e proiettano immagini anche quando sono spenti o sono offline. Gli odierni paradigmi di digitalizzazione del reale, discendenti dagli effetti speciali cinematografici, con sempre maggior disinvoltura, miniaturizzano e avvicinano i database collettivi e il potenziale informativo dei bit digitali alla sede fisica della coscienza individuale, il cervello. Una colossale Xanadu che fa pressione sul nostro nervo ottico.

Lo sforzo immane che sta facendo la ricerca tecnologica di questi anni è quello di semplificare e rendere usabile questo immenso potenziale di dati e culture. La corsa tecnologica procede, non importa se l'individuo sarà in grado di gestirla psicologicamente, ciò che conta è la percezione dell'utilità di questi costrutti e la possibilità di interagire in qualche modo. Così è necessaria la sovrapposizione di un ulteriore strato cognitivo al reale digitalizzato costituito dall'interfaccia-utente che aggiunge didascalie e contestualizza il percepito al fine di renderlo utilizzabile.

I videogiochi hanno un ruolo fondamentale in questo processo di avvicinamento (o addestramento) dell'umano e la mole di dati accumulati/cumulabili. I giochi elettronici sono ormai da diversi anni il settore più fiorente dell'intrattenimento audiovisivo (cfr. Tissoni, Zocchi 2018). Il concetto di stratificazione visiva è rilevante ai fini di questo avvicinamento all'informazione collettivizzata. Lo abbiamo visto discendere da Dick a *Blade Runner* ed è oggi molto evidente nei processi di lavorazione dei videogiochi. Si parte dall'animazione di poligoni grezzi che si muovono schematizzando principi fisici; poligoni tridimensionali su cui vengono collocate le *texture*; infine, la ricerca infinita del fotorealismo, architettando giochi di luci in scene sempre più complesse. Dall'introduzione della foschia fino a un intervento specifico sulla fisica dei peli, sono poi infiniti i livelli di perfezionismo concepibili.

In ambienti videoludici particolarmente complessi e ricchi di dettagli come gli *open-world* (i cosiddetti videogiochi a mondo aperto, cfr. Lucci e Tirino 2019) oltre a un'interfaccia particolarmente ricca, viene inserito anche un ulteriore aiuto, un vero e proprio strato di *intelligence*, una visuale tattica che fluidifica l'azione, in particolare nelle fasi d'azione in prima/terza persona. Questo *layer* si presenta spesso come una alterazione cromatica della scena, simile alle mappe di calore viste nel film *Predator*, così da mettere in evidenza specifiche porzioni. Nella storia dei videogiochi la prima vera percezione potenziata in ambiente tridimensionale è nella serie *Assassin's Creed*, precisamente in quella modalità di visualizzazione chiamata "eagle vision" ("occhio dell'aquila" in italiano). Analogamente, con la modalità "eagle eye", il riferimento all'aquila torna anche qualche anno dopo in *Red Dead Redemption 2*, oggi considerato come una delle punte più avanzate dell'immersività videoludica. Il superpotere viene chiamato "focus" in *Horizon Zero Dawn*, "vista acuta" in *Immortal Fenyx Rising*, "sensi witcher" in *The Witcher 3: Wild Hunt*. Il tasto R3 del pad attiva la modalità "istinto di sopravvivenza" nella mente di Lara Croft (protagonista di *Rise of the Tomb Raider*) così da evidenziare i passaggi segreti nelle vicinanze nonché i materiali da raccogliere per i potenziamenti. Da notare che questi poteri superumani fanno riferimento a nomi di animali: il corpo umano accetta una sorta di animalità di ritorno per trarre ispirazione dalla natura e sviluppare tecnologie in grado di garantire la sopravvivenza o il dominio.

Detroit Become Human propone un'ulteriore variante di questo "sesto senso" andando in una direzione diversa rispetto al potenziamento sensoriale: il giocatore la possibilità di andare avanti e indietro nel tempo di una scena al fine di simulare gli effetti o le cause di una determinata azione.

In questa lista breve e non esaustiva di *enhancement* percettivi nel videogioco non poteva certo mancare qualcosa riguardante Batman, campione tra quegli eroi della serialità novecentesca che nascono senza superpoteri biologici e che sono perciò votati alla dipendenza da gadget tecnologici. Nella serie videoludica *Batman: Arkham* esiste una modalità di gioco *stealth* denominata "detective" che si basa su un visore termico in grado di fornire informazioni precise sulla localizzazione dei nemici da affrontare.

Nella serie *The Last of Us*, alla percezione acustica si accompagna una forma di visualizzazione denominata "listen mode" ovvero delle sagome lattiginose vengono mostrate nei punti in cui, con una certa approssimazione, si presume siano presenti creature o persone che emettono suoni. Il secondo episodio di questa saga videoludica è la più recente e perfezionata presentazione grafica dell'occhio videoludico che consente di attraversare le pareti. Nel saggio *Oltre il senso del luogo* Joshua Meyrowitz sottolinea come i media a schermo abbiano materializzato la possibilità per tutti di avere accesso a situazioni altrimenti invisibili a causa delle separazioni fisiche determinate dai contesti sociali (cfr. Meyrowitz 1995). Con l'elettronica di consumo e internet abbiamo capito che gli ambienti digitali e le informazioni che viaggiano nell'etere ridisegnando i perimetri di gruppi e interessi indipendentemente dai luoghi fisici. Siamo tanti piccoli *superman* e le pareti non possono più fermare la nostra vista a raggi X.

Il senso in più trascende i limiti percettivi dei personaggi giocanti ampliandone la prospettiva, analogamente a quanto succede con la suspense cinematografica, nei momenti in cui il regista fornisce allo spettatore elementi in più rispetto a quanto conosciuto dal protagonista. Le dinamiche di gioco *stealth* basate sulla gestione tattica di informazioni ambientali confermano le intuizioni della realtà stratificata. In questo contesto, l'arte del narratore-programmatore si esprime sul filo della sfida intellettiva rispetto a quanto viene mostrato o non mostrato. Ma come coinvolgere il giocatore nell'intreccio? Come convincerlo a svolgere determinati compiti? Vedremo come le reti digitali stiano guadagnando un ruolo cruciale nel motivare il pubblico lungo determinate traiettorie di consumo e di addestramento tecnologico.

3. Connessioni e condivisioni (vedere tutto)

Il rapporto tra occhio umano e mercati si basa su un cruciale *do ut des*. I paradigmi dell'usabilità conducono a dispositivi elettronici sempre più amichevoli nel connettersi e comunicare. In cambio di questi prodotti ci lasciamo sondare dal mercato e partecipiamo attivamente ad una sorta di immensa intervista collettiva che porterà allo sviluppo di nuovi prodotti sempre più amichevoli. Decenni di lavoro svolto da imprenditori come Steve Jobs sulla *user experience* relativa ai dispositivi (cfr. Gallo, 2012) e da studiosi come Steve Krug sul concetto di "usabilità" dei siti web (cfr. Krug, 2014) hanno irreversibilmente cambiato gli strumenti attraverso i quali l'umanità conosce e comunica. Escludendo le nicchie di appassionati, oggi il pubblico vede gli *smartphone* come un oggetto che rende inutili i lettori musicali, e rende obsolete macchine fotografiche e cineprese. Dalla rete ricaviamo informazioni che paghiamo con i nostri dati. I *selfie* aiutano a identificare il consumatore e a collocarlo in differenti contesti. Mentre si auto-colloca in gruppi documentando doviziosamente la composizione del proprio intorno di contatti più o meno stretti, la persona cattura anche prodotti e *brand* disegnando la sua mappa di scelte commerciali. La capacità degli algoritmi di profilare persone investe ogni singolo scatto di rilevanza statistica. Il capitalismo basato sulla sorveglianza si autoalimenta tramite la produzione e il consumo di una mole di informazioni costituita dunque soprattutto da foto e video.

Seguendo questa direttiva di sviluppo, le reti digitali che inizialmente erano caratterizzate dallo spontaneismo di chi collaborava a distanza per scambiare conoscenze, sono oggi un sistema di vetrine organizzato dai *social network*, nodi di raccolta e distribuzione di informazioni focalizzate perlopiù sull'esposizione di singoli individui e del loro quotidiano più o meno utile. Le aziende *hi-tech*, beneficiando di controllo istituzionale e politico esterno al capitale, sempre più lento rispetto ai cambiamenti, hanno potuto dunque edificare un vero e proprio "capitalismo della sorveglianza" (Zuboff, 2019) basato su una "cultura della sorveglianza" (Lyon 2014). Uno spazio di controllo apparentemente privo di separazioni pubblico/privato grazie al fatto che i sorvegliati collaborano al loro stesso controllo così come i sorveglianti si avvantaggiano di un sostanziale disinteresse dell'opinione pubblica rispetto al tema della *privacy*.

Ma le rivelazioni di Edward Snowden (Snowden 2019) ci hanno mostrato come non tutte le pareti sono davvero trasparenti. L'ex collaboratore del governo americano ha provato all'umanità intera che entità commerciali o agenzie governative possono avere le chiavi per il controllo di tutte le trasmissioni digitali pubbliche e private in tutto il mondo ed esercitare un tale controllo al di sopra di qualsiasi legge e senza che l'opinione pubblica ne fosse informata. Grazie a *whistleblower* come Snowden, sappiamo che tutte le informazioni passanti per infrastrutture digitali potrebbero essere intercettate e accumulate in specifici centri di potere alla mercé di interessi privati ignoti al pubblico.

L'imperativo della trasparenza e della condivisione ci potrebbe portare agli estremi fantasticati dallo scrittore Dave Eggers ne *Il cerchio* (Eggers 2014), dove tutti sono costantemente connessi e rintracciabili, e ognuno può sapere tutto di chiunque. Ci si prepara al Completamento del Cerchio, ovvero l'impianto di un chip nell'organismo in grado di alzare il livello del monitoraggio, trasformando il nervo ottico e il cervello in una suprema macchina da presa. Nel racconto di Eggers il senso contemporaneo delle condivisioni digitali individua nell'affettività una componente essenziale. Per Byung-Chul un monitoraggio di massa è possibile "là dove i suoi abitanti si confidano non per costrizione esterna, ma per un bisogno interiore" (Byung-Chul 2015). In questo modo gli *smartphone* sono riusciti a scardinare qualsiasi resistenza psicologica riguardo l'essenzialità di beni e servizi immateriali, creando nuove abitudini e nuovi modi di desiderare.

Occhi elettronici a fare da garanti della nuova democrazia digitale. Guardano ovunque, anche senza permesso e ricordano l'occhio dell'alieno protagonista di *Fratello da un altro pianeta*, film scritto e diretto da John Sayles nel 1984. Braccato dalle forze dell'ordine del suo pianeta natale, il colore della pelle consente a "Il fratello" (interpretato da Joe Morton) di mescolarsi agevolmente tra gli afroamericani di Harlem a New York. Unitamente alle proprietà telepatiche, il suo corpo ha anche la capacità di staccare il bulbo oculare dall'orbita e posizionarlo a piacere, perfettamente funzionante, a trasmettere informazioni visive al cervello. La significatività tecno-biologica dell'alieno diventa norma nel nostro addestramento quotidiano da produttori di audiovisivi. In attesa di nuove tecnologie che consentano di far comunicare in maniera ancora più immediata gli occhi e il cervello con la rete, i *social media* sono già a buon punto nel realizzare lo scopo finale del Cerchio di Eggers ovvero collocare un occhio ovunque. Il futuro della comunicazione è dunque nelle mani (e negli occhi) di tanti "piccoli fratelli" che continuano la tradizione orwelliana scomponendo e declinando in maniera inedita il concetto di Grande Fratello.

Bibliografia

Attimonelli C., Susca V., *Un oscuro riflettere. Black Mirror e l'aurora digitale*, Mimesis, Milano-Udine, 2020.

Bauman Z., Lyon D., *Sesto potere. La sorveglianza nella modernità liquida*, Laterza, Bari, 2014.

Eggers D., *Il cerchio*, Mondadori, Milano, 2014.

Gallo C., *The Apple Experience: Secrets to Building Insanely Great Customer Loyalty*, McGraw-Hill Education, 2012.

Han B., *Nello sciame*, Nottetempo, Milano, 2015.

Lucci A., Tirino M., *Filosofia e fantascienza. Spazi, tempi e mondi altri*, Philosophy Kitchen, Ebook, 2019.

Meyrowitz J., *Oltre il senso del luogo. L'impatto dei media elettronici sul comportamento sociale*, Baskerville, Bologna, 1995.

Snowden E., *Errore di sistema*, Longanesi, Milano, 2019.

Tirino M., Tramontana A. (a cura di), *I riflessi di Black Mirror. Glossario su immaginari, culture e media della società digitale*, Rogas, Roma, 2018.

Tissoni F., Zocchi S., *I videogiochi. Breve storia di un'industria miliardaria*, Unicopli, Milano, 2018.

Videografia

2001: Odissea nello spazio, di Stanley Kubrick (1968).
Assassin's Creed, di Ubisoft Montréal (2007).
Batman: Arkham Asylum, di Rocksteady Studios (2009).
Black Mirror, di Charlie Brooker (2011-2019).
Blade Runner, di Ridley Scott (1982).
Detroit Become Human, di Quantic Dream (2018).
E.T. l'extra-terrestre, di Steven Spielberg (1982).
Fratello di un altro pianeta, di John Sayles (1984).

Horizon Zero Dawn, di Guerrilla Games (2017).
Immortal Fenyx Rising, di Ubisoft Quebec (2020).
Predator, di John McTiernan (1987).
Quarto potere, di Orson Welles (1941).
Red Dead Redemption 2, di Rockstar Studios (2018).
Rise of the Tomb Raider, di Crystal Dynamics (2015).
Superman, di Richard Donner (1978).
Terminator 2, di James Cameron (1991).
Terminator, di James Cameron (1984).
The Last of Us, di Naughty Dog (2013).
The Witcher 3: Wild Hunt, di CD Projekt Red (2015).
Titanic, di James Cameron (1997).

Biografie

Luca Bifulco è professore associato in Sociologia dei Processi Culturali e Comunicativi presso l'Università degli Studi di Napoli Federico II. Si occupa di analisi dei fenomeni sportivi, teorie sociologiche e sociologia del conflitto. È direttore della rivista "Eracle. Journal of Sport and Social Sciences". Tra le sue monografie:
Maradona. Un héroe deportivo. Tres estudios sociologicos de Italia (2020); *La famiglia e il Matrimonio. Proprietà, dominio e conflitto. Marx, Engels, Weber, Veblen e Collins* (2018); *Sociological Essays on Sport* (2017); *A tutto campo. Il calcio da una prospettiva sociologica* (2014, con F. Pirone); *All'Ovest niente di nuovo. Immagini del tempo e pensiero sociale* (2011); *Rituale dell'interazione e conflitto* (2010).

Stefano Bory è professore associato in Sociologia dei processi culturali e comunicativi presso il Dipartimento di Scienze sociali dell'Università Federico II di Napoli dove è docente aggregato per i corsi di Comunicazione e processi culturali e Comunicazione e cittadinanza digitale. Chercheur associé all'Ecole des Hautes Etudes en Sciences Sociales di Parigi, è altresì fondatore e co-direttore della rivista scientifica *open source* «Funes. Journal of Narratives and Social Sciences». Tra gli ambiti di ricerca principali si distinguono: temporalità sociali e memoria; le narrazioni come forme di conoscenza; il rapporto tra esperienza intima e spazio pubblico; le forme emotive del mondo sociale; i meccanismi etico-politici di produzione e innovazione del legame sociale.

Ha pubblicato *Il tempo sommerso* (2008); i saggi *La magia e l'imbarazzo, Sentire gli immaginari sociali, La strada dell'immaginario* in *Traiettorie dell'immaginario*, a cura di Adolfo Fattori (2021).

Linda De Feo è Ricercatrice di Sociologia dei processi culturali e comunicativi, Linda De Feo insegna *Sociologia dell'immaginario* e *Sociologia della narrazione* presso il Dipartimento di Scienze Sociali dell'Università degli Studi di Napoli Federico II. Autrice di numerosi saggi, ha pubblicato i volumi: *Philip K. Dick. Dal corpo al cosmo* (2001), *Dai corpi cibernetici agli spazi virtuali. Per una storiografia filosofica del digitale* (2009), *Per un'ermeneutica del cyberspace. Lineamenti storico-filosofici* (2013), *Il raggio verde: una metafora del confine. Riflessioni erratiche e interpretazioni sociologiche* (2017).

Adolfo Fattori è docente di discipline sociologiche all'Accademia di Belle Arti di Napoli. È stato docente di Sociologia presso l'Università Federico II. Ha pubblicato, fra l'altro, *Di cose oscure e inquietanti* (Lecce 2018), *Sparire a se stessi. Interrogazioni sull'identità contemporanea*, (S. Maria C. Vetere 2013), *Cronache del tempo veloce. Immaginario e Novecento* (2010).
Ha curato *L'immaginazione tecnologica* (1980), *Traiettorie dell'immaginario* (2021) *Design del* neoseriale. *Sociologia dell'immagine nella post-serialità digitale* (2019), con Mario Tirino *Black Lodge. Fenomenologia di Twin Peaks* (2021) con Antonio Fabozzi la voce *Fantascienza* nella *Letteratura Italiana* (1984). Pubblica su riviste accademiche e scientifiche.

Lorenzo Fattori è Ricercatore RTDA presso l'Università della Valle d'Aosta. Si occupa principalmente di studi sui processi culturali e mediali, con particolare attenzione alle dinamiche socio-organizzative collegate allo sviluppo dei trasporti e delle comunicazioni. Ha pubblicato *Motori e miti della modernità. Comunicazione e immaginario industriale* (2021), in opere collettanee, su riviste accademiche e scientifiche.

Roberto Paura è Presidente dell'Italian Institute for the Future, co-fondatore dell'Associazione dei Futuristi Italiani e direttore di "Futuri", rivista italiana di futures studies. Come giornalista scientifico e culturale collabora con diverse testate ed è vicedirettore di "Quaderni d'Altri Tempi". Autore di diverse pubblicazioni, l'ultima è *Occupare il futuro. Prevedere, anticipare e trasformare il mondo di domani* (2022).

Gianfranco Pecchinenda è professore ordinario di Sociologia dei processi culturali presso l'Università Federico II di Napoli. È saggista e scrittore. Ha pubblicato, fra l'altro, come narrativa, *L'ombra più lunga* (2009), *Essere Ricardo Montero* (2011), *La faccia* (2017), *Maradona l'impostore* (2021). fra le opere saggistiche, *Homunculus. Sociologia dell'identità e autonarrazione* (2008), *Videogiochi e cultura della simulazione* (2010), *Il sistema mimetico* (2016), *L'Essere e l'Io* (2018).

Valerio Pellegrini è consulente informatico, sociologo dei media e docente di culture digitali. Si occupa in particolare di comunicazione e innovazione digitale nelle imprese e nelle pubbliche amministrazioni. Ha insegnato Organizzazione d'impresa in rete presso il Dipartimento di Scienze Sociali dell'Università di Napoli Federico II.

Nel 2019 ha pubblicato il saggio "Il prossimo livello della civiltà videoludica" all'interno del volume *Segnali dal futuro*, a cura di Roberto Paura e Francesco Verso, edito da Future Fiction.

Nel 2019 ha pubblicato il saggio "Mashup e altri scherzi della memoria post-seriale" all'interno del volume *Design del Neoseriale: Sociologia dell'immagine nella post-serialità digitale*, a cura di Adolfo Fattori, edito da Krill Books.

Nel 2020 ha pubblicato il saggio "Eterotopie videoludiche" all'interno del volume *Traiettorie dell'immaginario. Percorsi della sociologia della narrazione e dell'immagine*, a cura di Adolfo Fattori, edito da Krill Books.

www.ingramcontent.com/pod-product-compliance
Lightning Source LLC
Chambersburg PA
CBHW070846310526
45793CB00012B/622